青海省"十四五"教育科学规划课题成果

课题编号：22QJG40

中小学本土化美育教学探索

李　斌　著

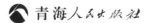

青海人民出版社

图书在版编目（ＣＩＰ）数据

中小学本土化美育教学探索 / 李斌著 . -- 西宁 ：
青海人民出版社 , 2023.9
ISBN 978-7-225-06399-7

Ⅰ . ①中… Ⅱ . ①李… Ⅲ . ①美育－教学研究－中小
学 Ⅳ . ① G633.950.2

中国版本图书馆CIP数据核字(2022)第176778号

中小学本土化美育教学探索

李斌　著

出 版 人　樊原成

出版发行　青海人民出版社有限责任公司
　　　　　西宁市五四西路 71 号　邮政编码：810023　电话：(0971) 6143426 (总编室)

发行热线　（0971）6143516 / 6137730

网　　址　http://www.qhrmcbs.com

印　　刷　青海雅丰彩色印刷有限责任公司

经　　销　新华书店

开　　本　710 mm × 1020 mm　1/16

印　　张　14.75

字　　数　200 千

版　　次　2023 年 9 月第 1 版　2023 年 9 月第 1 次印刷

书　　号　ISBN 978-7-225-06399-7

定　　价　40.00 元

前　言

现代视觉文化潮流的冲击，从某种程度上导致优秀的传统文化遗产无法被大众所关注，直接影响了美育教学的传承、创新与发展，本土化美育教育所受到的影响尤甚。目前，新课程改革制度为艺术课堂的环节优化与创新性实践注入了新鲜的血液，为艺术教育之后的发展趋势明确了方向，中小学艺术教学直接关乎着青少年的身心发育与健康成长。因此，更应该与时俱进，强化美育课程理论与实践的探索，最大限度地发挥本土美育在教学中的强大作用。

随着目前艺术总体素质的不断更新与大众审美的不断进步，全新的环境与课程的改革、艺术资源的全方位利用与大范围开发已经成为广大美育教师教学过程中的重要平台，美育教师在理论探索与课堂教学过程中，应该在最大程度上发挥主观能动性，并充分展现其实践价值。努力挖掘本地富有特色的文化资源，开发其功能，实现利益和功能的最大化，随着终身教育思想体系的建立与教育改革的大面积深化，课程观念持续性的更新与扩大，课程设置与运作已经不只是停留在课堂教学与设计，而应该拓展到课堂外围，有效地推进新课程的改革、创新与实践，全方位培养高素质高情商高品德的学生，不断弘扬、发展中国优秀的传统文化与民族文化，让本土文化焕发鲜活的生命力。课程资源的本土化是国家基础教育课程开发与课程改革过程中应该予以特别重视和贯彻的全新理念，无论是国家课程的实施与创新、课程体系的全新构建，还是区域内独具特色的课程设置与不同校本课程的建设方针，都应该发挥区域内和各校特色课程资源的拓展与开发优势，直接为学生提供多样化的学习平台和个性化的发展渠道。

如今，校本课程资源的开发与体系的构建已经成为我们国家艺术教育中的热门，各个地区的中小学教育部门都在新课程标准的基础上开发具有浓厚地域色彩的本土文化与具有鲜明风格的特色化课程设置。民间艺术是劳动者长期以来的本土审美意识与日常生活的有机结合的创作与成果，其传承和发展过程更是经历了一代又一代劳动人民的改造与创新。本土化美育的创新与智慧化发展，清晰地表明人民群众鲜明的地域特点、审美意识与审美需求。民间艺术发展延续至今，源远流长，与民间艺术从业人员的智慧传承和不懈追求密不可分。如托尔斯泰所言，人民的创作热情、艺术的真挚纯粹是艺术事业里最打动人心的部分。从某种程度上来讲，民间艺术是作为真正的优秀传统艺术之一呈现在人们面前。从实践探索的过程中，民间艺术始终具有独特的地域魅力和本土特点，所以将本土化民间艺术引入中小学艺术课堂也就自然而然地成为至关重要、势在必行的探索实践。

本书通过对本土艺术资源的分析，重点对中小学艺术课程中本土艺术资源的开发应用，并通过实地考察以及调查分析不同本土艺术资源在中小学生艺术类课程中的教育现状、研究探索和发展方向，试图将本土艺术资源开发与中小学艺术类课程教学有机地结合起来，发现问题并提出解决方案，使中小学艺术类资源及课程目标相转化，系统地、真正地把本土艺术资源带到中小学艺术类课程的设计与实践中，充分发挥其探索意义的实际效果与价值。

目　　录

第一章　概　述

第一节　国内外及我国西部薄弱地区美育研究现状

一、国内外研究综述

（一）国外研究综述

美学教育一般情况下是美学与教育学相互交错并存的学科，是理论与实践并存的学科，它主要是基于情感表达的层次对大众展开教育，通过对于美本身的鲜活、生动与极强的感染、共鸣、升华、熏陶，培养接受教育的人对美的鉴赏能力、接受能力以及创造能力，从而真正提高美感意识，提高其自身的审美素养。

18 世纪 50 年代，鲍姆嘉通在建立一套较为成熟的美学体系之后，德国古典美学家席勒最先提出美学教育这一概念，并对其进行全方位的、深层次的探索与诠释，席勒之前一直生活在正处于资产阶级大革命时期的德国，社会正从封建的状态转向资本主义社会，社会处于一种动荡不安的状态，阶级对立、阶级矛盾层出不穷，尤其是在封建社会的压迫以及启蒙教育突飞猛进状态下，各种运动疯狂组织的情况下，席勒以美学教育独一无二的视角对当时的时代表现进行深度批判，并完成了多部独立的创作，他于 1795 年出版的《美育书简》在当时就已经成为具有现代思维审美层面批判的第一部纲领性文献，并且直接构成一个全方位的、新鲜的审美教育体系，这从某种程度上也标志着审美教育已经作为一个独立专业的学习科目呈现在大众面前。席勒指出，拥有健康审美能力的教育实际上就是拥有了趣味与美，最终审美教育的目标旨在培养大众的"共情"能力与精神感悟能力，在一种和谐的状态中让人们感受到美的存在。①

自从 20 世纪开始，西方审美教育理论的发展轨迹朝着一种多元化、多变性进行转变，西方社会在现代化、信息化发展的同时，也造成了某种人文素养、人文气息的流失。审美教育一直都是人文教育的载体，是人文素养的集中展现形式，是弥补人文气息流失的最佳路径，与时代脉搏紧密结合，符合时代对审美的需求。这一时期西方社会不断涌现出具备人文精神的美学思想，解放人的天性与改变人的生存质量，从某种层面上就是对人的审美意识，也就是广泛意义上的审美教育，例如尼采的强制性意志美学教育，主张按照强制性的反抗命运的枷锁实现自己的人生价值，反抗生活中存在的各种痛苦，创造全新的乐趣与价值，实现从传统转向现代化的重要蜕变，成为人文主义美学教育的源头，直接为 20 世纪普遍范围中的美学教育打下了坚实的基础。作为人生美学的延续与发展存在，在《悲剧的诞生》中提到，将艺术与人生、生命融为一体的欲望，在某种程度上是让人的生命延续下去的动力与人生价值的弥补，这实际上也证明所谓的美学教育不只是基于弥补、救赎自己的人生，更是对生命的尊敬与升华。弗洛伊德的美学理论一直建立在精神分析的心理学基础上的，他提出的"原欲升华论"指出对美的深度渴望与美的定义必然是建立在性欲的基础上的，认为美学教育可以通过艺术层面与审美层面这两个方式直接提高人最原始的能力，升华人的情感与意识，杜威的实用主义美学思想，突破了文学艺术的隐晦，打破了大众对它的美好幻想，让它回归人民与生活。他说道，美学需要具备的东西实际上就是主观、直接的审美体验，如果不是最直接的感受，是

---

① 冉乃彦. 和中小学幼教师谈美育 [M]. 太原：山西教育出版社，2019.

被渲染、被刻画后的二度创作，实际上是不具有审美意识的，这点无论如何都不能改变。美学教育从某种程度上是让个体生命与生态环境之间从一个不平衡状态转移到平衡状态后得到的一种生动活泼的生活体验，除此之外，还包括克罗齐的表现美学、伽达默尔的解释学美学、德里达的"解构论"美学，等等，都极大程度上丰富了西方美学与审美教育的价值体系。

在 21 世纪，每个国家都不同程度地选择，注重素质教育。而审美教育作为现代素质教育中至关重要的组成部分，在联合国教科文组织国际教育发展委员会编纂的《学会生存》中提出，将一个人的身体素质、智力、情绪化变现以及伦理道德等各个方面的因素进行整合，让他成为一个更加完整、更加健全的人，这实际上就是教育本质目标的全方位的诠释与解读，这一结论直接导致 20 世纪 90 年代初期素质教育观念的形成以及 90 年代末期素质教育方针的落实。与此同时，美国直接通过《走向文明：艺术教育报告》《艺术教育国家标准》等书面上的数据与报告深层次地强调了所谓美学教育与艺术教育对学生提高自己的审美意识，培养自己的审美能力起到了非常关键的作用。

笔者通过"知网文献检索功能"发现，截至 2021 年 3 月，关于审美教育的外文文献一共大约有 7000 篇，其中音乐舞蹈学科的大约为 184 篇，只占总篇数的 1.5%，虽然篇数并不算多，但在整体趋势上呈现的是稳步上升态势，由此可见随着时代的进步与发展，审美教育方面的研究目前已经成为各个国家关注的重点与热点。

（二）国内研究综述

我们可以通过让受教育者欣赏美与喜欢美来实施所谓的美学教育，其中又将欣赏美作为主要的美学教育方式。而欣赏美的过程中又将艺术美的欣赏与鉴赏作为最佳方式。因此，我们在某种意义上一直将美学教育解读成艺术教育，从美学教育在我国目前的发展趋势来看，它与艺术自身一直是处于一种密不可分的关系，尤其是对于提高人们的审美意识，锻造人们的审美文化以及健全人们的审美情感等方面都发挥着至关重要的作用与功效。

我国早就在先秦时期就有了所谓的"诗歌教学""音乐教学"等具备古典气质与传统意识形态的审美教育思维方式，孔子"兴于诗，立于礼，成于乐"的观点，实际上追求的就是将仁义作为重点、作为核心的一种真实的人生状态与审美境界，提出的"六艺"——礼、乐、射、御、书、数中，"乐"在实际意义上就是专门的审美教育课程。与此同时，嵇康的"声无哀乐"和《溪山琴况》中提到的"清丽而静，和润而远"，基本都是在不同层面上认识到了音乐在审美中的教育价值。因此，我国审美教育尽管一直处于一种历史源远流长的状态，但一直以来都没有一个比较准确、统一的概念定位。

在 20 世纪初期，中国近现代审美教育的持续发展是以王国维和蔡元培为代表的。我国引入美学教育这一概念的第一人是近代知名的教育学家蔡元培，他在 1901 年发表的《哲学总论》中首先就直接使用了"审美教育"的概念定义，并且将它与道德教育、智慧教育并列为教育学中一个独立存在的学科。与此同时，蔡元培在《对于教育方针之意见》中将中国古代传统的礼乐思想作为案例，与当时社会状态下的音乐教育现实状态进行深度结合，不但指出"礼为德育，而乐为美育"，而且更加直接地、明确地表达了唱歌实际上是审美教育中的一种形式而已，将音乐与审美教育进行紧密结合、有机互补，王国维先生更是被称为"中国近现代美育学科的开端"。他第一次将席勒的审美教育理论引入中国，并在 1907 年发表的《论小学校唱歌科之材料》一文中再次强调了音乐在审美教育中至关重要的作用，直接指出学校唱歌比较关键的是音乐审美，在于用自己的主观感受判断音乐词曲中别具一格的美感。他还进一步提出音乐美学教育的实施方式，直接指出，学校是没有办法将审美教育作为道德教育的附属品的，应该将审美教育放在一个独特的位置上，让其发挥出个人的魅力。

随着学习课堂中音乐歌曲本身的欢迎程度，审美教育的思想潮流对音乐教育的发展与优化产生了非常关键的作用，越来越多的人开始关注学校的美学教育。1919年，欧阳予倩、周湘、丰子恺等人在北京直接发起了并成立了"中华美学教育协会"，让国内的音乐审美教育取得了前所未有的发展，著名美学家朱光潜在《谈美感教育》中，直接强调了所谓美学教育的功能就在于能够修身养性、陶冶情操，并且将美学教育解放人的天性这一功能作为重点关注的对象，在一定意义上拓宽了美学教育的深层次意义与价值。因此，在20世纪前半期，我们国家虽然没有什么太多的美学教育著作，但是绝大多数研究人员对美学教育的性质、作用、表现形式以及拓展范围等各个层面进行了一系列全方位的研究与探索，为我们国家后来美学教育的基础理论建设与实践发展打下了非常牢固的基础。

中华人民共和国成立之后，美学教育被纳入国家级别的教育指导性政策与指导性方针，国家教育部门举行的会议与之后颁布的各类文件中，非常明确地规定了美学教育的具体指导方向。1951年第一次全国中等教育会议中直接点明"让年轻一代在智慧教育、道德教育、身体素质教育以及美学教育中得到全方位的发展与拓展"，这实际上是美学教育第一次被列入国家的教育指导方针。1954年教育部在《关于全面发展教育方针的报告》中直接阐述了美学教育的大致展现形式与功能呈现方式，美学教育不只是停留在培养学生对美的热爱与对美的敏感度，也能够培养他们对一些糟糕的、不具备审美价值的憎恨与厌恶。所以，在这个层面上来讲，美学教育过程能够很好地对学生实施思想政治层面的教育。从这就可以窥探到，这个时期美学教育的关键性内容实际上就是传授一些知识，而美学教育在其中的主要作用就在于陶冶情操，辅助人们进行道德教育，让人们充分发挥其智力因素，培养人们对美的感受力。

改革开放以后，我们国家的美学教育研究取得了前所未有的发展。1986

年，国家教委决定成立艺术教育委员会，这一机构的出现从某种程度上标志着国家教育指导方针已经重新明确了美学教育的位置。这一时期我国的美学教育已经呈现出以下特点：将马克思关于人本身的全方位素养的发展作为美学教育理论研究所表现的哲学思想、美学教育目前已经逐渐形成了所谓的系统化，强调了美学教育理论的实际用途，美学教育研究层面的方式正在不断拓展、不断丰富，国家颁发的中小学音乐教育相关政策也在持续不断地涉及美学教育。1982年2月颁布《全日制初级中学音乐教育大纲（试行草案）》和《全日制五年制小学音乐教学大纲（实行草案）》中都直接点明了"音乐教育是全方位贯彻党的指导方针的至关重要的组成成分之一，也是作为美学教育中至关重要的方式之一。对于建设社会主义精神文明，培养德、智、体、美、劳全方位发展的优秀人才起着决定性的作用。利用所谓的音乐教育，陶冶学生的情操，培养其优秀的思想品德与道德素养，发展人们开放性的思维拓展能力，让人们时刻处于一种积极的状态与活泼生动的情绪之中"，进一步奠定了艺术美学教育在中小学艺术教学中的地位与作用。

二、西部地区中小学美育教育现状分析

美学教育实际上是学校教育中一个至关重要的组成部分，对于如何培养学生正确的审美观念与高尚的审美情趣，培养全方位发展的人才具备非常关键的作用。《中共中央国务院关于深化教育改革，全面推进素质教育的决定》指出，需要尽可能迅速地转变学校内部美学教育在整个学校教育中所处的位置与其展示出来的用途。从某种程度上已经肯定了审美观念与艺术素养是任何人都不能缺少的素质之一，这对于学校美学教育工作的全方位实践与持续不断的发展状态有非常积极的影响，从而推动学校美学教育的全面改革与深度创新。

西部地区由于在各个层面的发展都处于相对滞后的状态，中小学在实施美学教育的过程中出现的问题是极其突出的，和其他发展状态比较好的同等级地区相比，有的问题显现共性，有的问题则具有一定的地域特点。将西部某市中小学作为案例，笔者通过对一部分从事艺术教育工作的一线小学教师进行访谈、调研，认为目前中小学美学教育工作过程中确实存在一定的问题。

（一）部分学校对美育的内涵缺乏全面的理解和认识

长期以来，一部分学校对美学教育内涵的解读一直都处于一种比较简单的状态，将美学教育简单理解为艺术教育。在开展美学教育工作过程中，将美学教育搞成了纯粹的特长培训、技术培训，并没有实现所谓的"以美育人"。至于什么是美学教育，目前有各种各样的解读，认为美学教育其实就是审美感受教育、情感抒发教育以及艺术素养教育、思想品德教育等。这些解读将美学教育蕴藏的深刻道理限制在一个比较狭隘的范围内，对美学教育的认知存在一定的限制，也无法让人将美学教育与美学、美学教育与教育之间存在的某种深刻的关系弄清楚、弄明白，最后也就没有办法确定美学教育独立存在的目标。由于自己对美学教育的独特性、规律性以及具备的多样化功能缺乏一定的正确认知，因此，在学校美学教育的开展实践过程中还无法以一个正确的姿态全方位地实施所谓的美学教育。问题的生成与解决主要是基于美学教育观念的理解与普及不够全面，这是本地区美学教育存在的较为普遍的现象。

（二）美育观的狭隘制约美育工作的开展

笔者通过采访，认识到将美学教育工作简单地解读为艺术教育，说那其实就是美术课、音乐课教书匠做的事儿，这实际上是一种对于美学教育的误解与偏见。美学教育从来不只是局限在所谓的艺术教育中，艺术教育的确是美学教育中不可或缺的一部分，作为实现美学教育至关重要的途径与方式之一。但是，美学教育包含的内容不只是艺术教育，它比艺术教育要丰富、范围要宽广一些，如果将美学教育与艺术教育画上等号，会对非艺术层面的审美素养教育产生不良的影响。例如自然生物的审美表现、身体运动的美感获得以及思想境界上的审美意识、行为方式上的审美意识等，学校美学教育中一个至关重要的特点实际上表现在审美教育可以寄情于所有科目的教学过程中。每个科目实际上都有所谓的美学元素。而如果只是将美学教育限制在艺术教育的范围内，会很大程度上对艺术科目以外的教师在实施审美教育中带来很多误读与曲解，会让他们觉得美学教育并不是他们的事情，而只是在艺术教育中实施的，这种错误的解读会直接导致美学教育在其他科目教育过程中无法开展下去，从而影响学生对美的感受，影响老师对美学教育的主动性、自觉性。

（三）强调升学率，美育工作被放到次要地位

尽管人们在不停地强调自己应该从应试教育转移过渡到素质教育，但是，无论是官方政策的实施还是民间人士的认知里，对学校教育质量的认可度一直只是取决于学校的升学率。尤其是在教育资源比较落后的西部地区，家庭对孩子最大的希望就是考大学，希望自己的孩子能通过高考走出去，改变自己的命运。在人人都将升学率作为教学质量的唯一评价标准的时候，学校也会将追求所谓的"升学率"作为自己办学的主要目的，将与中考、高考成绩紧密联系的科目作为主要的科目，将升学中不会考察的内容作为所谓的附属科目。所以本来是学校用来培养学生审美能力、审美意识，实施美学教育的手段艺术类型的科目，成了较为薄弱的环节。站在另一个视角上，由于对美学教育的认知处于一种不到位的层面，所以学校对美学教育的资金、人力投入也与其他科目存在一定的差距。美学教育的课程条件不算特别好，主要表现在缺少一些必需的设备投入与师资力量储备上，直接导致大部分中小学的音乐、美术课程的弱化。

（四）美育师资的短缺现象较严重

美学教育的师资力量出现短缺的原因有以下几点：第一，供需关系决

定了从事美学教育的老师并不多，且在数量上就直接展示不够理想的状态；第二，具备一定素质的美学教育师资出现显而易见的断层，以西部某市中小学美学教育师资队伍为例，曾经接受过系统性培训的中小学美育教师大都已经退休了，最近几年分配下去的中小学艺术类教师，要成长为一个成熟合格的美学教育教师，还有待时间的考验。

（五）美育理论的普及欠缺

将校园、家庭环境、社会氛围的教育融为一体，从某种程度上是现代教育必不可少且客观存在的要求，美学教育从某种程度上同样需要校园教育、家庭教育、社会教育三种教育形式合为一体的状态。学校的美育教学将目的性、计划性、组织性作为学校教育过程中至关重要的作用。在校园的整个教育体系中，美学教育与学校的课堂教学的实施、道德教育活动的开展及学校文化氛围的熏陶与建设等各个方面息息相关。以美学教育作为指引学生从形象方面直觉感受的视角上，培养准确分辨事物的真假、善恶以及美丑的能力，不断地完善教育主导者的物质构成元素和丰富教育主要角色的精神世界。按照目前的真实状况，能够按照教育指导方针与指向性原则及要求准确地把握美学教育的实施方向，用马克思主义的审美意识来指导教学势在必行，尽管面临着认识不足、重视不够、措施不力等问题，也丝毫不能降低标准，放弃探索、呐喊与追求。

第二节　中国本土艺术资源概念界定

最近几年，中国本土地区的传统文化已经在全球范围内吸引了大量的关注，得到了长足的发展。中国本土文化的元素包含以下几点：

第一，中国本土文化的重点与关键在于中华民族呈现出来的内向化、内敛化的精神状态与生活形态，包括价值观念的展现、宗教信仰的表现、审美情趣的呈现以及思维状态的展示等；

第二，中国本土文化的内容常常体现在的物质的外在形态上，它包括人们的行为，以及吃穿住行；

第三，中国本土文化别具一格的魅力，是在长时间的历史延续与历史发展中逐渐产生的，这种具备鲜明的、独特魅力的民族文化，目前已经成为多视角观看世界范围内文化的重要组成元素。

中国本土文化一直是某种特殊意义的生态环境中形成的（东部有海洋包围，西部有喜马拉雅山脉等环绕，南面也被大海围绕，北面被雪原包围，形成了比较闭塞的环境）。历史上，在这种封闭的空间中，人们是没有办法与外界有广泛、深入的接触、沟通的，正是在这种社会生活所处的氛围与环境中，形成了中华民族特有的心理特点，展示了异常丰富生动、活灵活现的文化特点。

中国本土文化的内涵主要概括为三个方面。

第一，中国本土文化的基本思想——健康有为、和谐与中和、崇尚德行的利用，《易传》所强调的是"自强不息""厚德载物"，集中展现了中华民族传统意义上的精神，崇尚一种高度和谐与达成一致的气息实际上是中国本土文化的最高价值与崇高理想；

第二，重视人的内涵展现，轻视客观存在规律的探索，展现中国本土文化的艺术价值的导向；

第三，重视家族、重视血缘的家庭伦理观念。

总之，中国本土文化的内涵处于一种多元化的状态。精华与糟粕共存，如想要在现代装饰艺术设计过程中极大程度上发挥本土文化中最好的那部分的积极功能，不只是需要对艺术设计进行批判与传承，更需要做的是对本土文化元素进行创造性的发挥与呈现。

季羡林先生在对文化进行定义的时候说过，文化是"人类在历史长河中创造的精神层面与物质层面，并且对人类发展有一定作用的东西"。人类社会目前已经经历了各种漫长的蜕变与长期的发展变化，在这期间，人类利用自己独特的智慧与力量创造了非常多的财富，这些物质与精神双重层面财富的总和被大众称为文化。

中国作为一个拥有五千多年历史的文化古国，古老的祖先传递给我们的不只是富有创造性、创新型的民族气息，更是用人们的智力与力量创造了一些内容非常丰富、题材非常广泛以及形式多元化的传统文化遗产。与此同时，对本土文化的延续与传递又要在保留传统文化的特殊内涵的基础上与现代文化形式相互结合，古为今用，让优秀的传统文化成为现代文化实践与发展的动力，在全新的空间里大放异彩。

现代社会一直是高度现代化、信息化发展的社会。随着材料的更新、技术的更新，直接转变了我们的生产过程与生活实践，随之而来的思想潮流，它与我们的思维方式、思维观念息息相关。全新的观念从某种程度上对中国传统文化艺术带来了翻天覆地的变化，随着生活持续不断的变化与科学技术的进步发展，要求学生应该对民族文化有一个基本的了解与解读，掌握源远流长的历史文化知识，从而直接表达出属于自己别具一格的艺术魅力与多元化的艺术展现形式。对于现代艺术类型的课程来讲需要创新，不仅仅是在本民族包含的文化气息中找到一些典型的、别具一格的艺术元素，而且还应该与现代科学生产技术、精神品质进行充分的融合，才能让艺术类型的课程发挥出其应有的特点，才能让艺术类美育教育突飞猛进。[①]

一、中国本土文化的影响因素

（一）环境决定文化的产生与发展

虽然文化包含的内容是多样化的，但是它又形成了一个有机完整的系统，

---

① 李双 . 小学美育教学研究 [M]. 成都：电子科学技术大学出版社，2020.

文化自从产生以来就具备了一定程度的系统特点，是从低级到高级不断进化，从简单到复杂不断演变与组织程度不断加深的过程，是一个全方位的有机整体，因此，如果人们要真正理解文化的内在含义与实质表现，就不应肆意切割，应该站在系统层面对文化本身的价值与意义进行充分的审视。

系统科学认为系统中目前存在的是一定的环境氛围之中，被环境氛围所影响、所支配，直接与环境形成了某种反作用的关系，在环境中清楚地认识自己的功能与作用，系统与环境之间呈现的相互作用的关系从某种程度上表现为环境对系统的作用，从而直接引起系统中一些好的状态或者不好的状态的出现，这种状态实际上就是系统对环境氛围的信息层面的接二连三的输出。因此，只有在考察中国本土文化置身的氛围与环境的时候，才能让中国本土文化存在的特点展现出来。

文化是人类所具备的特殊的、独一无二的系统。所处的环境主要包括三个层面：

第一是基于文化生存的自然环境、地理环境以及历史环境、文化环境，第二是基于文化源头的经济发展理论实践基础，第三则是基于文化依附性的政治体系与政治结构。当我们提到传统文化的发展历程与历史文化状态的时候，首先是在时间层面追本溯源，发展中华民族优秀传统文化的进程，延续中华民族优秀传统文化的发展成果，从远古时期到近现代时期，每个历史阶段的哲学、经济、宗教、科技、生活方式、文学体系以及当时的思维形式等都是构成中华民族本土文化的重要元素，其也从根本上区别于其他国家的传统文化。

通过研究这些本土文化的元素，提炼出其中的精华部分运用到现代中小学艺术类课程中，这样我们的现代设计才会形成自己的独特性。在这里我们要说的是，在充分理解本土文化的情况下，提炼出其精华，进行归纳、总结、概括，对其进行重新阐释，最后再运用到现代中小学艺术类课程中。

而不是简单的模仿、抄袭。某些教师虽然运用了本土文化元素，但设计出来的课程在内容上却很空洞，没有将中国优秀的传统民族特色表现出来，这样设计出来的艺术作品不具备本土文化的特性。只能说在他们的课程中包含中国本土的一些元素，但不具备改造、提炼、创新、推陈出新的成果与功能。教师只有深刻理解中国本土文化，熟悉中国人的思维逻辑、审美观念才能将本土文化的精华合理地运用到现代中小学艺术类课程中，民族所特有的文化性才能在我们现代艺术类课程中充分完备地体现出来。

在复杂而漫长的社会历史发展过程中，出现过很多不同样式、不同文化的观念形态，它始终处于一种循环往复的发展过程，不断产生，又不断消失。那些具备特殊价值与特殊意义，生命力比较顽强的中华民族优秀传统文化元素在慢慢往下持续不断地沉淀，然后延续下来，并且直接成为自己后代文化中的一部分。我们直接称它为优秀的民族传统文化。而有的一些文化形态，即使在某个特定的历史时期或地理环境中流行一时，但最终却昙花一现，迅速消失，像流星一样划过天空，我们只能称其为历史文化。

中国的本土文化，主要是指那些出现在历史上的，对历史发展进程起重大影响的哲学思想、宗教观念、艺术作品，如唐诗、书法、宋词、陶瓷、国画、民间艺术、石窟、雕塑，等等，这些历史流传下来的文化成果，对于今天人们的世界观、文化思想、价值观念、人生观、思维形式、审美情趣等都有极其深远的影响，这样的文化才是优秀的传统文化。对目前现实生活、现代社会中大众的思维模式、哲学观念以及价值体系、宗教信仰以及文化审美、艺术情绪等对根深蒂固的文化氛围中流传下来的优秀的民族传统文化及对我们现实生活中中小学艺术类型的课堂教学具有不可磨灭的帮助作用。现代艺术类课程主要是服务于现代社会。因此，只有在课程体系中体现出中华民族优秀的传统文化时，才能设计出适应当代人生活方式，符合人们审美情趣具有民族特性的现代中小学艺术类课程作品。对于现代中小学艺术类课程来说，本土的文化和民族特性显而易见是非常重要的。

文化作为一种较为传统的艺术形式，在5000年的发展历史与延续过程中，自始至终对文化本身有一个基本的传承作用，以前的传统文化被引用到今天的课堂教学中，今天的优秀传统文化成为未来课堂教学与课程改革中的必要元素，我们当地的传统文化不只是存在于当下，存在于目前，存在于今天，还必然或者终究存在于过去的时间与未来的时间里。在本土文化中，那些打动了所有中国人的元素，必然会对将来的人们在艺术欣赏水平、艺术类课程构想与设计中产生深远影响。经历过历史沉淀的优秀传统文化元素在未来也必然被传承。本土文化是历史发展的脉络，它贯穿了过去、现在和将来，所以中国本土文化元素是我们每一个中国人的生命之流。我们要通过继承优秀本土文化，从而更好地发扬传播中国本土文化。越是民族的，就越是世界的，这已经在全球达成共识，如北京的故宫、长城，西安的兵马俑等。它们都各自代表着本民族优秀的传统文化，体现了民族的特性，所以它们吸引了全世界人们的目光。

（二）自然地理环境是文化产生的基础

文化从某种意义上来讲是人类在改造自然的过程中直接产生的。自然空间与地理环境是优秀传统文化的发源地、延续地。自然地理环境的差别肯定会直接导致文化表现型论与内涵的天差地别。

地理环境从某种程度上是大众在其中生存、发展、延续下去的基础物质，对于物质层面的文化与精神层面的走向具有至关重要的作用。尤其是在科技领域与生产方式存在一定缺陷的古代，这种影响更会显而易见。

中国地处亚洲东部，地域辽阔，就领土面积而论，居世界第三位。我国地势西高东低，高低悬殊，形成地势上的三大阶梯。我国领土大部分处于北温带，四季分明，东部土壤肥沃而西部是高山和沙漠地区，因此东南部是人口稠密区，西北部是人口稀疏区。在资源分布上也为牧业、农业、农牧业作出了明确的地理划分。复杂的地形和多样的气候形成了中国本土文化的多样性。中国四周都有天然限隔，相对优越的地理环境以及地理环境封闭，造成了中国本土文化相对独立的发展格局，产生了与西方文化迥异的中国特色文化。另外，辽阔的疆域和众多的民族人口，使得中国本土文化回旋余地大，从而使中国本土文化曲折延续而不至于中断，形成了本土文化的延续性。

（三）经济生产方式是文化的经济基础

人类在自然环境中生存，一定会利用某种形式的生产方式为自己创造各种各样的财富，这种经济层面的生产活动从某种程度上孕育了人类自己，繁衍延续了人类优秀的传统文化，文化从某种程度上是社会发展延续到某一个固定不变的阶段性衍生物，文化则是由一定程度的经济实力决定的。

中国自然资源条件一直是对农业生产比较有利的，因此就直接产生了以农业经济作为主导位置的社会发展形式、社会生产形式。但是由于地域不同而存在不同的物质生活条件，如西北部地区的游牧经济。农业生产依赖于自然的条件，使得人们对自然既亲切又敬畏。万物的春耕夏耘、秋收冬藏，向人们反复揭示了事物变化发展、生生不息的规律，从而导致了中国文化的变异观和循环论，建立了朴素的生成论的宇宙图景和系统性、整体性思想。与此同时，作为历史最悠久的以农耕为主要发展形式的民族，守护着我们现在的家庭环境，让人们的居住方式被固定下来，将土地资源安置下来，重新进行迁移，并且与人们和平共处，是他们固定不变的模式、理念以及思维，这直接导致中国国内文化和谐发展的理念与理想的实现。

（四）社会结构是文化的依托

社会结构为人类文化活动提供组织制度。人是社会性的动物，人的社会性具体体现为规范化、制度化的人际关系及其组织形式。人类社会在原始氏族时期大多以血缘为纽带建立起社会组织形式。随着生产力的发展，阶级和国家产生后，血缘关系在社会生活中的地位出现了重大差异。

中国得天独厚的自然地理环境，定居的农耕生活和聚集的生活方式使得中国血缘家族的生活方式被长期保留了下来，并建立了一套体系完整、等级严格的宗法制度。宗族与宗法制度在中国长期存在导致了"家国同构"的社会结构。中国社会形态经历了原始社会、奴隶制社会、封建社会和社会主义社会。其中以"家国同构"为特点的封建制度在中国得到了充分发展，是世界上最长久最繁荣的社会形态。宗法色彩浓厚的中国传统社会结构对中国传统文化产生了巨大影响，形成了中国本土文化的伦理型模式和民族凝聚力。

西方文化则源于古代希腊、罗马文化和希伯来文化。希腊半岛多山，连绵不绝、山势陡峭的山脉将陆地阻隔为一个个地理上相互隔绝的小单位，土地贫瘠、资源稀缺，这就造成了人必须征服自然成为自然主宰的思维观念，由此产生了西方文化的"主客对立"观念。

综上所述，中西方不同的自然地理环境决定了各民族不同的生活方式，使得中西古国形成了不同的经济基础，又决定了不同的社会组织结构，造就了不同的政治制度，由此形成了不同的文化，从而使文化系统呈现多元化属性。任何现存的文化系统，作为人们对自然环境的一种特定的适应方式，都是不同的人类群体在特定的条件、特定的环境下，为了满足人们特定的需要而发生的。所以文化是平等的，没有优劣之分。每一种文化都适合于其所处的环境，是在与环境的相互作用过程中，经长期演化而生成的。文化没有先进落后的区分，文化都是适应环境的产物。因此，不能以一种文化作为标准去评价其他的文化。那种"西方中心论"的文化观，认为西方文化比中国传统文化先进的观点值得我们警惕。从这个角度看，文化虽然存在差异，但是却无所谓优劣。特别是文化本身的系统性和统一性，文化的进化也不是简单地取其精华，弃其糟粕，文化从来都是优点和弱点共存的统一体，而不是精华的堆积。文化之间存在差异，也使得中国传统文化必然存在不同于西方文化的独特之处，即中国特色的传统文化。

二、中国艺术类课程的源头活水——中国本土文化基因

（一）中国本土文化传承之可能性——文化基因

1. 文化系统结构与文化基因

事实、理论让我们意识到优秀传统文化具有一种让人看不见，摸不着、猜不透的隐秘和高深莫测，并不是现代社会中的经济力量、政治力量能够直接代替的。

这是因为人类文化是由若干个相互联系、相互依赖、相互作用的文化要素所组成的，具有特定的结构和功能。这种韧性从某种程度上来讲直接被当作系统文化中的文化作用的呈现形式，也就是维持优秀传统文化本身的稳定程度。

将文化本身当作一个完整的体系进行探索与深层次的研究，不得不了解文化自身具备的一个完整的体系的结构与作用，系统内部的结构体系从某种程度上指的是系统内部各种组成成分、组成元素之间存在的相对稳定的状态与密不可分的关系，维护好系统组织的规律与秩序，以及时空与时空关系之间较为内在的整体表现方式，系统结构对整体系统的性能、作用以及价值起着非常关键的作用，文化从某种程度上是随着人类自身的发展持续不断地产生或者生成的，其至关重要的目的实际上是需要直接去解决人们生存面临的三个比较现实的问题：一是人类与自然之间紧密结合的关系与讨论的各种层面的问题，人与人之间的人际交往关系存在一定的问题，人与自身心理状态存在的关系，根据这个比较关键的问题，文化作为一个非常复杂的成熟的体系，可以大致分为物质层面的文化、制度层面的文化以及精神层面的文化这三个子系统。

将物质层面的活动以及其活动结果的表现——产品与服务作为载体

直接展示出来的文化气场，也就是相当于物质层面的文化子系统，物质层面的文化子系统一般情况下具备三个比较基本的特点，一是物质特点，二是基础特点，三是容易被展现出来的特点，与此同时，物质文化还具有某种时代特质，会随着时代的发展不断变更，每个时代都有其独特的物质文化。

关于什么是制度文化的子系统，实际上就是直接架起人们生活状态之间联系的必然桥梁、传承的社会价值观念、比较清晰的规章制度的综合。制度文化一直都具有多样化、多层面的特点，时代性、连贯性以及维持稳定的性能、约定俗成的性质特定、由内而外或者由外而内的特点，从目前形成的文化结构关系的层面上来看，制度文化系统中的子系统实际上是将物质文化与精神文化合二为一的中间物质，它的性能特点直接决定了所谓物质文化的基础与心理状态的变化，并限制着这两方面的发展方向。

将人们内心深处的活动状态、思维方式以及结果层面的理论知识、风俗习惯、法律制度、宗教信仰、艺术构造、道德品质等精神层面的价值作为行动载体直接展示出来的文化实际上就是精神文化旗下的一个普通的体系，被直接称作观念层面的文化体系，精神文化子系统主要包含精神状态下的生产活动，人们在精神层面上形成的所谓的社会人际关系与一大笔精神财富。这三个文化的子系统之间的相互联系不是在同一层面上横向展开的，而是在不同层面上做纵向排列，从而形成一种有序的等级结构。

在这三个子系统中还有更小的系统，各自涵盖了很多复杂、多元化、多样化的元素，内在结构与作用展现。

文化体系自身的多层面、多视角、错综复杂地表现其组成元素之间产生的关系不只是在同一层面上进行横向的呈现，还是在不一样的层面上进行一系列纵向的排序，从而直接形成一种有顺序的等级制度、深层次结构，而这种等级结构从某种程度上就是系统中多元化的元素中比较基础的中和形式，文化体系是否达到一个较为稳定的状态可以直接展现为一个完整的同心圆，并将其发展为表面结构、中层结构以及深层次结构等三个综合度比较高的层面。所有看得见、摸得着的物品、劳动本身存在的具有一定创造性的生产结构与生活资源系，它从外面包裹着的直接向全新的文化水准，但是人们在日常生活、社会氛围中形成的等物质文化形成的深层次的子系统结构从某种程度上来讲是文化本身表面形成的结构与制度体系、组织结构、人际关系以及将其附着在它们的基本理论、深层次原则展现以及样式表现形式上，制度文化体系实际上是作为文化的中间过渡段出现的，至于文化的深层次的结构，指的是人们在历史空间中的实践从某种程度上是长时间积累而成的社会心理状态、价值观念走向以及思维模式专版、审美意识培养等，也就是精神文化元素构成的子系统。

物质文化在与其他文化子系统的关系中，发挥能量输出源的作用。制度文化的主要功能是整合功能，即对文化系统内部各部分进行协调。它是通过文化系统内部的整合，而达到同其他文化系统的协调。精神文化主要起着认知与价值定向的功能。它在整个文化系统中，维持系统内外信息能量的输入和转换，形成文化系统中较稳定的深层结构，通过输出信息源来指导整个文化系统。

文化系统结构的层次性，不仅表现在子系统与外在环最靠近外缘部分的物质文化子系统，其运动变化的速率最快，这是因为物质文化直接参与人境联系的紧密程度，而且还表现在各子系统内在的新陈代谢、遗传变异速率的快慢差异上。与自然的改造过程，它从根本上决定着制度、观念的存在状态。这种变化是较快的，可以在较短的时间内大部分或全部更新，而精神文化子系统是文化系统的内核，其发展变化最为缓慢。所以，在科学技术日新月异的今天，一种文化在外来文化的冲击下，它的物质文化、社会规范、社会制度也发生相应的变化，但最核心的观念文化的变化则是比较缓慢的，它并不会随着其他层面的变化而立即改变，只有通过物质文化和制度文化的极度变迁或强烈冲击才能逐渐变化，并且不可能完全更新。所以一个民族可以汲取异域的文学艺术，可以发展现代的科学技术，可以在意识形态和社会形态上发生重大变化，可以在一百年，甚至几十年内走完近代化过程，却仍保留着本民族的印记。

因此，文化的结构层次性，决定了精神文化子系统比物质文化子系统具有更强的积累性、继承性和独立性，也是最能体现一种文化特征的部分。

精神文化子系统是文化大系统的深层结构，它是文化大系统中最为复杂以至于令人迷蒙混沌的一个子系统，它的核心是以价值观念和思维模式为主体的传统观念。

先天性的文化基因从某种程度上直接保证了这个民族自身已有的传统文化，文化基因从某种程度上已经具备一定的控制系统状态，约定俗成的发展步骤、发展程序与起着决定性作用的体系等。

它决定了文化系统的内容和意义的基本形式，而且对文化系统的其他要素和结构有着重要影响。它从某种程度上具有强制化的渗透性、继承性与常规性。文化基因的形成过程从某种程度上是民族生理基础与民族生存空间的自然结构一起决定的，它们让人类在发展从最开始的时候，在面对所有大体保持一致的实践形式上采用了不一样的态度与方法，直接衍生出不同的认知范围、形式手段，进一步形成了被这个民族认同的理念、模式与观点。决定着不同门类的学术、各种思想派别、各种艺术创作和风俗习惯等几乎一切民族文化活动的走向、特征和形态。

因此，文化的延续与传承从某种程度上是通过文化内部深处的基因与当时历史环境决定的因素互相作用而世世代代相传的结构，不同的文化内部基因决定了不同文化之后的走向。中西文化之间存在的差异从某种程度上是因为不一样的文化内部的基因。

2. 中国本土文化基因——象思维

王树人先生将中国传统思维形式存在的一系列基础内涵、基本特点直接综合性的概括为"象思维",认为中国汉族人在思维里面直接呈现的"整体直观""体悟""动态平衡""系统"等基本特点。

中国传统思维方式根源于取"象"。汉字的象形性特点,周易所开创的传统思维体系,都是从取"象"开始的。周易是古人"仰观天文,俯察地理"而形成的。象思维是源于取"象",并在象的转换和流动中完成思想的产生。因为象的整体直观性,所以直接导致象思维是整体直观的,是通过体悟而产生的,是非理性的。所取之"象"不是静态的或孤立的,而是思维与事物一体相通,与整个宇宙互融互通的动态的"象"。

"象思维"本身富于艺术特征,因为"象思维"是整体直感的,但它不止于直感,还要在感之后而思才能产生。因此,象思维具有抒情写意的特点。它不是直白地阐述某种情感,而是一种比较含蓄的表达。取象、观象对象的种种解释都是通过比兴、暗喻来抒发情感的。这一思维方式反映在文学作品上,就使得作品虚中藏精,令人恍惚神秘。

（二）"象思维"下的造物观

中国古代的"造物"拥有着非常源远流长的历史文化。《易传·系辞传》有:"形而上者谓之道,形而下者谓之器。"因此,古人在制造物品的时候,不只是以形式韵味展现古人对形式美的基本认知,更是为了利用有形的器具表达无形的道理,在象思维的模式下,中国传统造物艺术的思维理念,直接展现在人与物品之间的关系中,追求心理与物质、文化与物质、形态与申请、材料与艺术、功能与美学的一致性、统一性,从某种程度上这是系统内部整体的造物观,非固定形态的造物观念,直接展现在人与自身之间存在的关系之中,追求人生价值的最高领域与精神状态,实际上是追求所谓意境上的美感的造物观念。

1. 系统整体的造物观

象思维与整体认知紧密结合、相互关联，存在一定的密不可分的关系，那么所有形象特点的展现都具有一定的综合关系，重视平衡统一和谐，比如展现在中国传统文化古代建筑中，中国建筑从一开始并不是以一种单一的独立建筑物作为建筑目标，而是以整体空间呈现出的巨大规模、平面直接进行展开，相互连接成固定模型。

2. 动态流美的造物观

"象思维"是中华文化的主导思维，从某种程度上是对美整体的流动与转化中准确把握其中的事物，体现在造物上，就是着重物品的动态美感，中国艺术形式利用流动有规律性的纹理线条，概括地表现大千世界的美的形式和形式的美，它直接摒弃了相当有限的"形态外貌相似度"，直接展现出所谓的"神似"，突出了作为整体宇宙空间内部永不停息的运动中那种生生不息的精神状态。

象思维重点强调的一直是象的转化形式与流动状态，直接展示宇宙时空中的节奏与律动，在建筑设计的过程中，固定不变的建筑物平铺展开形成一个有机结合的整体，实际上已经将空间意识转化为时间进展过程，中国建筑设计的平面纵向拓展的空间，让人慢慢在一个错综复杂的有机整体中不断和谐地前进。

3. 追求意境美的造物观

西方传统艺术主流是写实论，这是西方主客二元对待的思维方式在艺术设计上的体现。主客二元对立，树立了人作为独立主体的地位，人本身受到格外的重视。表现在艺术上，则可以看到，从古希腊的雕塑到"文艺复兴"时期的油画，都重视人体美的写实。这种写实或模仿的艺术创作，在方法上表现为重视科学性、逻辑性与理性。例如,追求"形似",酷肖对象,则必须注重定点透视,研究解剖学,讲究比例、对称、光色明暗协调等。

中国画的美，在艺术形式上表现为"似与不似之间"。要超越"形似"的局限，"妙悟自然"到达"物我两忘""离形去智"而身心双双解放的境界。将透视方面的多角度和距离的多层次联系在一起。西方画的传统使之在一幅画中只能采取一个固定的角度作为透视点，其层次也只能从这一固定透视点来决定。就此而言，西方绘画的传统所表现的确乎像定点拍照。而中国画传统所表现的，则类似于不断转换镜头的影视拍照。因而中国画较之西方画更富于动态性和多视角性，感受大自然的生命脉搏。

抒情写意的根本追求，采用似与不似，透视的多角度来增强这种"不似"的抽象美，不似的动态节奏性。

"问渠哪得清如许，为有源头活水来。""象思维"是艺术设计之中国特色的根源，是设计创意的重要思维方式，是中国艺术设计的源头活水。正如靳埭强所说："如果每一个民族都能把自己的文化放进去，设计就会有新的生命。"

三、中国现代中小学艺术类课程的根本道路——象思维的运用

文化是民族凝聚力和创造力的重要源泉。在物质文明高度发达的今天，中小学艺术类课程应该把握时代的机遇，承担起文化传承和发展的重要责任，在现代课程领域绽放理想的色彩。

教育的本质是文化传承的工具。现代中小学艺术类课程教育要传承中国本土文化，需要顺应"象思维"的思维特征，并在整个教学活动中贯穿始终。这样的教育过程不同于建立于主客二元的西方思维下的现代教育过程。应在课程的设置、教学形式、教学方法等方面注重教育的本质性、整体性、动态互动性，使得教学过程成为一个有序、圆融、完整的过程，符合目标和客观需求。

（一）感性教学方法——言传身教

西方概念思维认为，人对世界的认识必然依赖从感性到理性的思维过

程，而思维是建立在概念的基础之上的，概念则必须有一个语言印象和它对应。所以语言既是人认识世界的工具，也给人的认识能力划定了界限，语言不能表达的则人不能思维之。但在中国文化中，世界并不受语言的限定。因为中国的象语言，旨在表明象，所谓"言以着象，象以尽意"。言＜象＜意，主张"言者所以明象，得像而忘言；象者所以存意，得意而忘象"。

言传身教是"象思维"模式下中国古代的教学形式之一，出自《庄子·天道》："语之所贵者，意也，意有所随。意之所随者，不可以言传也。"庄子认为，先生对学生的教授，仅仅通过讲解还不能言明其中意思，要通过阐明其意并辅以行动来示范才能真正教授学生，让学生理解。既用言语来教导，又用行动来示范。言传身教的教学形式，体现了教学过程的整体性，同时强调了语言传授和身体力行的实践传授，讲求通过学生的体验从而感悟，使学生能够主动探索知识。在这里，教师和学生是主客相容的，在主客互动中，学生主动积累知识、积累经验，而不仅仅是单纯的理论知识的教授或单纯的实践经验的积累。

（二）悟性教学手段——启发式教学

主、客两分的二元论思维方式认为，要认识事物、发现真理，主体就必须保持独立，把认识的对象放在客体的位置上进行客观描述，透过现象看本质，这样才能认识到真理。就是说，为了达到客观认识的目的，人们必须把需要认识的事物放在客观对象的位置上进行客观的、价值中立的认识，才能达到真理。因此，个人把自身以外的一切都客体化、对象化。这种主、客关系破坏了主体与客体之间内在的和谐性和关联性，使主体与客体成了各自对立的"孤岛"。在教师与学生的主客关系中，教师作为主体把学生作为客体对象化、静态化，使学生成为装载知识的记忆容器，抹去了学生独立思考、质疑的能力。教学内容也随之成了外在于学生生命发展的冷冰冰的客体实在，知识成了完全独立于主体之外的客观存在。在这种教育思想的支配下，教育的目的则是直接往容器里装更多的知识，而不是关注学生精神世界的丰富，思维能力的提高及成为一个有独立思想、能不断发现新问题、解决新问题的具有创造性思维的个人。它直接导致教育的过程简化为教师往学生这个容器里面填筑知识内容的过程。往学生这个容器里面填铸知识的方式，就是教师在课堂上进行理论的阐述，对研究事物进行详尽的逻辑分析，以帮助学生理解知识，从而记住知识。这种思维下的师生关系是一种主动传授与被动接受的关系，教师是教育的主体，处于绝对的权威性地位，以对象化的思维看待学生，把学生放在客体位置上进行客观认识。教师成为学校教育的中心，而学生则处于边缘位置。这样培养的人才，只能是知识的容器而没有主观创造能力。

在启发式教学模式下，教师首先要观察学生的学习状态，根据学生的学习状态来决定教学进程，即"因态施教"。我们从"愤""悱"和"举一反三"都可以看到，孔子重视的是学生的主体性，强调学生自己的体验、感悟。而"不启""不发""不复"则更表现出了孔子的教学态度：拒绝被动消极的、灌输式的教学，与其这样教学生，干脆就不要教。因此，在这种教育模式下的师生关系是一种互动的关系。教育的目的是使受教者学有所成，最终判断教育成败的是受教者。因此施教者必须时刻注意受教者的状态，在受教者最需要最合适的时候，顺势而为给予适当的教导。这种教导不是施教者阐述原理，分析概念，进行逻辑推理、判断，而是根据受教者的学习状态，从旁起到引导的作用，目的是使受教者能够顿悟，达到智的直觉，从而豁然开朗，领悟到所做所学。这是一种非理性的思维过程。

19世纪德国教育学家第斯多惠说："一个差的教师奉送真理，一个好的教师则教人发现真理。"在教学过程中教师不是将现成的理论、方法强行灌输给学生，而是应该尽量少做主观判断，让学生自己多实践、体察、思索、消化，在教学过程中要助学劝学，放弃主观成见，设身处地地为学生着想，充分调动学生的积极性。

另外，严格地说，"举一反三"既不是单纯的应用能力，也不是推论能力，更不是与师之间的直接问答。所以，最终达到的"举一反三"不是机械的技术重复，而是通过类比、联想的思维方法得到一种创造性思维的成果。同时，孔子也认识到了，教育本身是一个循序渐进的过程，当学生还没达到理解某件事情的阶段不能"举一反三"时，不可操之过急，要循序渐进、脚踏实地、务其根本。

（三）课程设置的整体性——实施团队化教学

针对"象思维"的整体性、系统性、类比性特征，中小学艺术类课程应注重综合思维训练方法。课程设置上应适当增设整体性的跨学科的综合课程，更强调通过深入学习与研究，掌握更好的整体学习思路。

所谓团队化教学，是指师生通过共同实施一个完整的任务而进行的教学活动。一个任务集是计划好的，有固定的开始时间和结束时间。原则上，任务结束后应有一件较完整的作品。团队化教学打破了概念思维下各学科分门别类的割据状态。在一个任务的带动下，让学生对整个任务进行整体把握。在整个完成任务的过程中，学生体会到的是所有的知识和技能为一个目标而集合起来，融会贯通，在学生主动学习的过程中，在团队相互合作的过程中，在解决问题的过程中，学生通过深度体会而感悟并将所学的知识系统地组织起来，转化为自己的能力，从而达到举一反三的能力，也深刻感受到创意思维的形成过程。

中国艺术的发展离不开传统文化的滋养，而传统文化的传承也离不开教育的大环境。中国艺术教育要全面传承中国传统文化必须要营造适合中国传统文化生长的教育环境。一方水土养一方人，只有在适合的土壤里，中国传统文化才能代代相传、历久弥新。

现代中小学艺术类课程应立足中国本土，利用中国人长于象思维的优势，运用中国传统教育模式和现代化教学手段，培养学生象思维能力，锻炼学生创造性思维，从而使课程展现出中国味道。

第三节　本土艺术资源在中小学艺术类课程中的价值

一、人是文化的存在

德国哲学家恩斯特·卡西尔认为，人是文化的动物，在他看来，人与其说是"理性的动物"，不如说是"符号的动物"，亦即能利用符号去创造文化的动物。人类的全部文化都是人自身以他自己的符号化活动所创造出来的产品。人只有在创造文化的活动中才成为真正意义上的人，也只有在文化活动中，人才能获得真正的自由。

德国文化哲学的代表人物斯普朗格认为，"文化"与"个人"是不可分割的同一过程的"客观方面"和"主观方面"。按照这个思想体系，人是教育的中心，教育必须从某一个特定的人出发，达到培养人的目的。但是，作为教育对象的人并非孤立地去把握，而必须在一定的文化背景的网络中，将个人理解为这个网络中一个个的"结点"，把他看成是具体文化的接受者、传递者和创造者。斯普朗格说："教育是基于对他人的精神施与爱，并使他人的全部价值及价值形成能力从内部发展出来。"[1]

二、教育即文化

人是文化的存在，作为培养人的社会实践活动，教育与文化有着天然的亲密关系。要培养人，促进人的社会化，就不能离开文化。人是文化的

---

[1] 涂远娜，颜岭.本土民间艺术资源在幼儿园课程的开发实践研究——以吉安鲤鱼灯彩为例[J]. 才智，2018（34）:19-20.

存在，人的存在不可避免地打上了他所居住的本土艺术的烙印，人的语言、行为方式、价值观念无不受到本土艺术的影响。教育培养人只能在既定的本土艺术的范围内起作用。把人培养成与本土艺术相统一的人既是教育的自然行为，也是教育不可推卸的使命。这是因为，教育培养人，本质上是促进人的社会化，而社会的重要维度无疑就是文化，尤其是本土艺术。教育本身就是一种文化，在一定的文化背景下进行，不同时期、不同民族的文化对当时当地的教育产生广泛而深刻的影响。文化也是教育教学过程中教育资料的构成要素，教育对文化进行传承与创新。

从文化的词源上看，英语中的"culture"本意就是培养、培育、教养。中文中的"文化"由"人文化成"演化而来，基本含义是指通过教化把人培养成有教养的人的过程，即"教化"的意思。在中文和英文中，"文化"最初的含义与"教育"是有直接联系的。

从教育起源上看，教育是属于文化范畴的，教育起初作为一种模仿、示范、传习活动是在有了初始文化之后，建立在文化的基础之上的一种人类活动，它参与各种文化后又必须受文化的性质和水平制约，为其文化服务。教育本身就是人类文化成果的表现形式之一，正如杜威指出的那样："一切教育都是通过个人参与人类社会意识而进行的，这个过程几乎是在发生时就在无意识中开始了，它不断地发展个人的能力，熏染他的意识，形成他的习惯，锻炼他的思想，并激发他的感情和情绪。由于这种不知不觉的教育，个人便渐渐分享人类曾经积累下来的智慧和道德财富，他就成为一个固有文化资本的继承者。"

文化也是某一群体共享的意义体系，任何文化发明、发现，只有通过教育，才能广泛传播，从而形成群体观念，获得社会共享，演变成文化。没有教育，就没有文化。文化是人类发展的主要营养，但教育是处理吸收文化营养的消化系统、造血功能。文化是超越社会集体的，文化要一代代传下去，发展延续，最关键的是要实现传承。教育的基本功能就是通过选择文化、传承文化、创造文化等促进文化与人的发展。任何文化之所以形成，首先必须具备教育这一作用机制，并随其发展建立一种相应的教育体系，赋予同质的教育性能，利用教育来发展文化，实现传承和升华。

三、课程即文化

课程与文化有着天然的血肉联系。就历史发展而言，课程缘起于文化传承的需要，没有文化便没有课程。因此，"文化是课程的母体，课程来源于文化。课程是浓缩的文化，课程是文化的精华"。文化作为课程的母体，使课程一经产生就拥有了文化的血脉与基因，并为课程预设了存在的逻辑前提与价值依据。课程内容是对社会文化的浓缩，离开文化，课程便是无源之水，无本之木，失去了存在根基与逻辑前提。简言之，一切课程内容均来源于文化。但课程在漫长的发展历史进程中，其文化本体属性并没有得到确认与彰显。相反，课程缘起于文化传承需要这一"原始"的事实却逐渐演变为课程存在的根本性依据与使命，以至于课程作为文化承传的工具不仅是课程历史发展的一种真实写照，而且成为一种不言而喻的逻辑命题。千百年来，课程始终是按照这样的逻辑而行使着复制、维持与传递社会文化的外在化的、他律性的功能与使命。

四、地方音乐与本土艺术具有密切的关系

音乐只有在文化的大背景下才能发挥音乐所具有的各种功能，否则音乐只能是孤立的声响。音乐的人文属性就表现在音乐的音响是物理的。感受是心理的，理解是文化的，作用是社会的。音乐不是孤立的，它必然与产生音乐的土壤——文化有着密切的联系。正如刘承先在《中国音乐的人文阐释》中也说到，"任何一种音乐都首先是特定文化的产物，它本身就是受着文化定义的。离开了文化，这些建立在形式和技术上的学科便成为悬浮在半空的、无根的东西，以这样的方式所形成的解释自然是不彻底、不

到位，或不具本质性的。音乐是综合的声音文化，不能把音乐只看作是声音的结构。文化是产生音乐的土壤，音乐是人类创造的文化现象之一，是人类文化的一种重要的形态和载体"。

音乐与我们的生活息息相关。同时，所有的音乐都来自文化，扎根于文化的土壤。一部音乐史既是音乐发展的历史，也是社会发展的历史，正如歌剧大师瓦格纳所说："艺术永远是社会制度的一面镜子。"把音乐放在文化的大背景中去学习的观点，回归了音乐文化的本质。传统的音乐教育把音乐与文化相割离，把音乐作为一种纯技术来学习，这样就失去了音乐的根源。

五、本土艺术是课程生活化的重要载体

长期以来，我国的教育与生活相分离，学校强调教育过程有计划、有组织地展开，强调书本知识的获得而与社会脱节，学校仿佛是一座座孤立的"城堡"，在国家统一的课程标准下，课程简化为抽象的知识，学习成为枯燥的苦差，学生为了未来能考上好的大学，不得不牺牲美好的时光，死记硬背标准答案。这样的教育，杜威早已进行了批判，杜威在批评斯宾塞的"生活预备说"时认为，"儿童在社会中不被视为有充分正式地位的成员。他们被看作候补人，列在等待批准的名单上。这个概念仅比下面一种看法稍稍前进一步，这就是认为儿童生活本身并没有意义，只是作为'另一种生活'的预备期"。"学生不应成为学习的机器。学习本身不完全是手段，教育也不完全是为未来生活做准备，而恰恰是生活的一部分。我们不应该把学习与生活看作不可逾越的鸿沟，学习与生活都是学生成长的必要过程。"杜威认为学校主要是一种社会组织。学校作为一种制度，应当把现实的社会生活简化起来，缩小到一种"雏形"的状态。学校必须摆脱孤立的状态而成了为更好的生活而斗争的中心。

把本土艺术作为校本课程的重要资源，容易为教师和学生所接受和喜爱。毕竟，对自己从小就密切接触的文化是有深刻感情的。把本土艺术作为校本课程的重要资源，能使课程在很大程度上贴近学生的日常生活，从而自然而然地实现了课程的生活化，易使学生接纳与吸收。把本土艺术作为校本课程的重要资源，能够为校本课程的开发提供便利条件，本土艺术为教师和学生所熟悉，在课程资源的收集和整理等方面是非常方便的。并且，通过让学生参与课程开发，收集整理自己喜爱的课程资源，也能够培养学生思考和钻研的良好习惯。这本身就是一种学习，符合新课程研究性学习的要求。从学生的日常生活之中寻找地域文化，学习和理解地域文化，可以充分利用学生对地域文化的熟悉感和亲近感，激发学习积极性，优化教育动机和成果。

六、本土艺术是重要的课程资源

新课程改革特别重视校外课程资源的开发和利用，而本土艺术无疑是课程开发尤其是校本课程开发的重要资源。"校外课程资源主要包括校外图书馆、科技馆、博物馆、网络资源以及乡土资源等。"而"乡土资源主要指学校所在社区的自然生态和文化生态方面的资源，包括乡土地理、民风习俗、传统文化、生产和生活经验等。这些资源都可以有选择地进入地方课程、校本课程乃至国家课程的实施过程中，成为师生共同建构知识的平台"。

本土艺术是某个地域的人们在特定范围内，在利用自然条件的基础上，在长期的生产生活中创造出来的具有地方特色的一种文化形态。现实中，学校的日常教学活动都是在某一特定地域中开展，都与特定地域发生着显性或隐性的、暂时或长期的联系。每位教师和每位学生同时也都作为该地域的一分子，与其地域独特的行为系统、居住形式、语言、经济、社会组织以及宗教信仰和价值观念等发生着千丝万缕的联系。地域文化作为校本课程开发的一个非常宝贵的资源理应成为校本课程开发中必可少的内容。

第四节 本土艺术资源在中小学艺术类课程构建中的理论依据

一、哲学依据

(一)马克思关于人的全面发展理论

早在公元前,古希腊伟大的哲学家、教育家亚里士多德就主张学生在德、智、体、美等方面的全面发展。意大利17世纪著名的人文主义教育家维多利诺也提出培养精神、身体、道德都得到发展的,能为国家服务的青年。法国18世纪伟大的教育家、哲学家卢梭认为,人的教育分为三种,即"自然天性""事物""人为",只有三种教育良好的结合才能达到预期的目的,即身心两健、体脑并用、良心畅旺、能力强盛的新人。

对人的全面发展思想做出伟大探索和贡献的主要是英国的空想社会主义者罗伯特·欧文、欧洲早期空想主义学说的创始人托马斯·莫尔、意大利文艺复兴时期的空想主义者托马斯·康帕内拉、傅立叶等。

罗伯特·欧文的儿童教育思想认为,在培养未来社会的儿童时,主要培养儿童的德智体行四个方面,并要求这四个方面全面发展。马克思从罗伯特·欧文的这一思想中得到了很大的启发,进而提出:"正如我们在罗伯特·欧文那里可以详细看到的那样,从工厂制度中萌发出了未来教育的幼芽,未来教育对所有已满一定年龄的儿童来说,就是生产劳动同智育和体育相结合,它不仅是提高社会生产的一种方法,而且是造就全面发展的人的唯一方法。"

马克思在罗伯特·欧文的教育与生产劳动相结合的教育思想基础上,进一步进行了升华和提炼,从而提出了人的全面发展理论。

在资本主义社会初期,由于社会发展需要,对当时工场手工业的工人提出了更多的要求，在机械化的生产条件下，如果工人不能得到全面发展，那么就不能适应当时社会生产的需要，满足不了当时社会不同的劳动需求，导致整个社会生产力中断，进而阻碍整个社会的进步和发展。而马克思关于人的全面发展理论就是基于此发展而来。

工场手工业的分工协作，就是物质生产过程中，管理者通过智力对财产和人力统治的一种手段。但社会生产力由手工业发展到工业化，对人的发展提出了全新的要求，人的全面发展成了发展现代生产的客观要求，形成了社会生产发展的普遍规律。①

在马克思、恩格斯的哲学著作《德意志意识形态》中说："像拉斐尔这样的个人是否能顺利地发展他的天才，这就完全取决于需要，而这种需要又取决于分工，以及由分工产生的人们所受教育的条件。"他们认为个人天赋才能的发展离不开教育。恩格斯在《共产主义原理》中指出："教育可使年轻人很快就能够熟悉整个生产系统，它可使他们根据社会的需要或他们自己的爱好，轮流从一个生产部门转到另一个生产部门。因此，教育就会使他们摆脱现代这种分工为每个人造成的片面性。"因此，人的全面发展是社会发展对人的必然需求。人的全面发展是一个不断前进的过程，要实现人的全面发展，就必须不断创新生产方式，改革生产分工，改变工作时间，实施全面教育，促进人的全面发展。教育作为促进人的全面发展的重要途径和手段，在教育实践中必须树立人的全面发展的基本目标和教育理念。

1995 年《中华人民共和国教育法》规定"教育必须为社会主义现代化建设服务，必须与生产劳动相结合，培养德、智、体等方面全面发展的社会主义事业的建设者和接班人"，首次把"人的全面发展是我国的人才培养最基本的要求"作为我国的教育方针，并要求教育要促进人的品德、智力、

---

① 陈勃．从"技艺"传承走向"文化"普及——以菩提路小学"镂空艺术"美术课程的构建为例 [J]．教育观察，2021，10（15）：4-6．

体力、审美和劳动技术等方面全面发展，但从我国的教育实践实际情况来看，教育者往往注重的是智育方面的发展，在体、美和劳动技能教育方面不够重视，没有真正达到"人的全面发展"教育理念。

因此，为了促进学生的全面发展，要进行校本课程的开发和建设，学生的全面发展为教育理念，从学生全面发展的角度开发和利用社会文化资源，打造多元化的教学课程，进行多元化的教学，促进学生的全面发展。

（二）音乐教育哲学

1. 音乐教育审美哲学

20 世纪 50 年代以前，音乐教育被作为实用主义美国教育的哲学基础，他们认为音乐教育能帮助提高人的治理，认为音乐教育是与数学一样的思维科学。对此解读，有人提出了不同意见。例如，美国著名哲学家、教育家约翰·杜威就认为艺术教育的主要功能是欣赏和体验，音乐课程在公立学校要占据重要位置。在 1915 年的宾夕法尼亚匹兹堡 MENC（美国音乐教育者协会）会议上杰尔根斯揭开了音乐教育审美运动的序幕，在会议通过了《儿童音乐权利议案》，并主张音乐教育要发展每个儿童潜能。20 世纪 50 年代末，理查德·科尔维尔的《音乐教育的基本概念》、豪斯的《音乐教育的理论基础与基本原则》和伦纳德·迈尔的《音乐的情感与意义》出版标志着审美音乐教育哲学理论的发展与完善。此外，英国古典音乐代表人物之一的本杰明·布里顿、莱昂哈德和豪斯等，不认为音乐教育仅仅是作为工具的价值和"功能主义"的定位以及作为副学科存在于教学课程中。他们主张要关注音乐的内在价值，而审美是音乐教育的哲学基础。如莱昂哈德写道："尽管依靠音乐的工具价值的陈述能够更好地说服一些管理者来支持音乐计划，但这些价值经不住最终考验，因为这些功能并非是音乐所特有的，实际上，许多其他课程比音乐实现这些价值更有贡献。"

作为美国音乐审美教育哲学的重要代表人物，贝内特·雷默在其老师莱昂哈德和豪斯的审美哲学思想的影响下，在 1963 年完成了他的博士论文《审美与宗教体验的共同维度》，其中结合了杜威、朗格、迈尔等人审美教育理论的探索成果。并在 1970 年出版了《音乐教育的哲学》，至此，标志着美国音乐审美教育哲学的发展进入了体系化阶段。

贝内特·雷默的音乐教育哲学思想，主要结合了迈尔的"新美学——绝对表现主义"的音乐哲学思想，还糅合了朗格的"艺术情感符号"论、古德曼的"艺术认知"论、布鲁纳的"概念学习"论等哲学思想，在此基础上，提炼出了自己的音乐审美教育哲学体系，为音乐的发展和音乐成为独立的学科提供了一定的理论基础和合理解释。在音乐课程中的音乐体验包括主观体验、情感体验、直接体验是音乐教育的哲学审美主张。通过音乐可以激发人们内心潜在的情感，可以开发人们的思维，可以愉悦人们的兴趣。音乐教育就是情感教育，通过音乐可以让学生的情感得到抒发，通过音乐可以让学生审美能力得到提升，通过音乐可以让学生的创造力充分展现。

2. 音乐教育实践哲学

在 20 世纪 90 年代中期，大卫·埃利奥特通过对审美哲学的批判构建出实践哲学体系，并成为对音乐审美哲学影响最大的哲学流派之一。其 1995 出版的《音乐教育的新哲学》是最具有代表性的言论，他的实践哲学体系思想成为北美音乐教育领域的主流思想。因其重要的学术贡献和学术地位，于 2002 年被聘纽约大学任教。

他认为"MUSIC""Music"和"music"分别代表着不同的含义，对音乐作为客体的概念提出了一定的质疑和批判。他批判了从审美角度感知和反应的音乐教学，相当于在传输过去岁月的种族优越感的意识形态。从审美角度聆听音乐是最有价值、最合适的或最有音乐性的聆听，这种观点是一种标准化的假设，而不是对世界各种音乐过程的真实描述。

音乐教育课程应将音乐视为人类活动。要促进学生的自我发展，提升学生的文化发展，形成文化上的认同，就必须注重音乐教学的参与性、目的性、行动性以及语境性。

音乐课程教学应关注学生全方面的发展，在音乐教学过程中培养学生的表演能力、即兴创作能力、指挥能力、欣赏能力等。音乐教学实践应以学生为本，关注学生自身发展，引导学生利用已学的知识去发现问题、解读问题、探索问题，在学习的过程中进行全面发展，不断提升学生的音乐修养。

二、文化学依据

基于艾利奥特的世界多元文化音乐观点，实践音乐哲学一直所提倡的都是将音乐作为一种文化。动态的多元文化音乐教学课程不断提升着学生的音乐修养，促进学生的自我认同和文化认同，让学生学会尊重他人和不同文化。音乐作为一种文化或是文化中的音乐，成为音乐人类学家们所倡导的音乐教育理念。随着音乐的发展，音乐作为人类的普遍文化现象，已被音乐教育家们所认可，得到了大家的一致公认。而这一理念的发展，势必会对音乐教育产生一定的影响，让人们对音乐作为教育学科的定位有了一定的思考和疑虑。

哲学作为一门独立的学科，它是作为一个历史时期的现象而出现的。当代美国最有影响力的哲学家理查德·罗蒂在《哲学和自然之镜》就论述了哲学的不断蜕变。解释学的出现，让人们意识到哲学已不能作为各个文化领域中的唯一权威，人们思想的主导不再是认识论，康德所确立的哲学形象也随之结束。从系统哲学转向教化哲学，哲学的中心也从认识论转向解释学。解释学则以自我创造为宗旨，是治疗式的以梳理问题为目的。认识论以客观性和真理性为目标，是立法式的以解决问题为目标。

哲学思想的结束并不意味着哲学的消失，只能说明西方传统哲学的危机与结束。而在这种结束和危机中，哲学的存在与发展出现了新的可能，而这两种走向决定了 21 世纪的西方哲学命运与发展。

随着音乐教育的不断发展，曾经作为音乐教育并作为人类音乐概念的"西方音乐"或"西方音乐的理论"已经成为过去。随着社会多元化的发展，进行多元化的音乐教育必然成为未来音乐教育的基础，音乐教育必须要满足全球化的发展以及文化全球化的发展，要满足社会音乐教育的多元化需求。我们要进行跨学科的、综合化的与文化进行相融合的音乐教育哲学。因此，作为文化的音乐教育新的音乐哲学建构将考虑以下三个方面。

（一）音乐文化传承与音乐文化身份

从我们出生起我们就拥有一个身份，伴随着自我意识的觉醒和发展，我们会渐渐意识到"我是谁""你是谁""他是谁"的问题。音乐也是如此，音乐也有其自身的音乐文化身份。如果有人问：你是谁？你们音乐的文化价值观是什么？你们的音乐是什么？当他与其他文化相遇时，自然会考虑"他是谁"，即使没有人问，但每一个人的发展都回避不了这一问题。对于一个国家或民族的文化更会面对这些问题。如果不能正确回答，很难确定自己文化的发展，就很难确立文化归属（即文化身份）及其文化自觉意识，就更谈不上如何能够认识自己和如何容纳不同文化了。

（二）音乐文化理解与视界融合

多元论转向是与哲学解释学转向同时发生的，当传统审美主张有一种固定的或准确的美学意义时，哲学解释学则完全接受单一文本所产生的不同意义的多元论观点。正如伽达默尔所言，如果我们在一般层面，那么总是以不同方式在理解。每个人对理解对象都有他理解或解释的视界时间与空间距离。解释学所称的"视界融合"正是达到对不同理解的理解，从而使不同的视界相遇，使我们的理解都超越原来的视界，达到一种全新的视界。再则，理解已经打破了认识论哲学主、客体相分，因为"理解不属于主体的行为方式，而是本身的存在方式"。或者说："理解从来就不是对于某个被给定的'对象'的主观行为，而是属于效果历史，这就是说，理解是属于被理解东西的存在。"

我们的存在就是不同的人和文化，我们对音乐文本发生不同理解时，实际上我们已经开始理解不同的存在。解释学的理解直接将理解指向文本的存在，并不是通常状况下认识论哲学将理解指向存在中的物——"作品"，哲学解释学提供理论为不同人或人群音乐文化的相互理解。在相当宽泛的领域里，哲学解释学不只是探究科学与审美经验的问题，音乐教育当然也不能只局限于这种简单的目标或任务。按伽达默尔所言，我们一般所探究的不仅是科学及经验的问题——我们所探究的是人的世界经验和生活实践的问题。

（三）音乐文化重组与概念重建

资本主义新的历史条件下的生产体系和技术条件正经历着前所未有的全球性调配，成为经济全球化。音乐作为全球共同的语言，其全球化更加深入。因为音乐产品市场的形成也影响到民族音乐文化的存在。欧美以外国家经济的发展也开始进入并影响世界经济，跨文化交流包括文化的、人口的、教育的、移民的、旅游的等形式，形成了不同的文化交融与文化重组。音乐同样进行这样的交融与重组。动态的多元文化时代已经到来，正如音乐人类学家斯洛宾所指出的"音乐的超文化、亚文化和杂居文化"。国际音乐教育学会使用"Musics"一词是按照音乐人类学家所提的复数用法，这也就在无形之中表明了不同音乐的文化价值观（包括音乐价值观）以不同的方式共存着，如解构、对立、冲突、融合、同化、重构等方式。

如果说，过去的音乐教育是普遍性的音乐教育模式，以欧洲音乐知识体系以及文化价值观为基础，那么在当今多元文化时代，多元文化音乐教育已开始深刻影响世界的音乐教育。音乐文化反思与"概念重建"必然从今天的音乐教育开始。世界多元文化音乐教育承认价值平等而表现方式不同的音乐，进而将不同文化音乐并置，非洲音乐、拉丁美洲音乐、阿拉伯音乐、东南亚音乐、印度音乐等，都将进入我们音乐教育的视野。在这种复杂并列的状况下各种音乐文化历史、价值和知识体系正进行着史无前例的"概念重建"。国际音乐教育开始尊重不同音乐文化的历史唯一性，同时也关注其变融性。如德国音乐教育家克莱南所讲，"Musics"是复数，"音乐学"也是复数，"音乐教育学"也是复数。音乐教育的重要潮流便是世界多元文化交融，我们世界多元文化音乐生活的实践与经验是传统的审美音乐教育无法面对的。因此，作为当今音乐教育的发展趋势，必须面对各种动态的音乐文化现象，世界各民族音乐历史，同时也更需要关心大工业生产技术时代作曲家音乐作品以外的内容，以及在当今生活世界中的各种变化。我们从音乐方面理解和适应世界文化的变化，理解世界各民族音乐传统及动态音乐文化现象，这是人类认识世界存在的基本方式之一。这种认识是探究性和解释性的，它包括审美认识，从而有别于"立法性"和采取"主体对客体"审美式的认识。

三、心理学依据

唯物辩证法告诉我们，任何本土艺术都具有双重价值。既是特殊的，又是普遍的；既是民族的，又是世界的，两者密不可分。所以，在音乐审美心理中，民族性与世界性，或者说，个体的差异性与人类共同性（同一性），作为个性与共性的两个方面，人的审美心理就是在这样矛盾对立而统一体的作用下存在、发展着。在漫长的音乐乃至文化发展过程中，客观存在着能够使人类所共识的文化审美共性。同时，不同地域的人群，又会因为地理环境、心理因素、文化背景的不同，而在音乐乃至文化的审美心理中表现出不同的形态特点。对音乐课程的设计者来说，认识上的任何偏颇，都不利于音乐艺术的发展。因此，音乐审美的地方性，其实也就是一个地方居民的审美心理特征在其音乐中的外化体现。

音乐地方审美心理具有世界性，但并非强调世界性高于地方性，可以宣称音乐本来是没有种族和国家的界限，萧友梅早年提出的"音乐无国界"等思潮言论，或是 20 世纪极端流派"音乐创作中的世界主义"，而得出音乐没有地方性、没有民族性的结论。对此，别林斯基曾作过较为透彻的评论："人们在文学中要求完全不写民族性，认为这样可以使文学为所有的人理解，成为普遍的东西，就是说人类的东西。这等于要求某种虚无缥缈、空洞无物的'子虚乌有'。"

在音乐课程与教学中，我们依然要坚持这样的观点，当今世界，地区间民族之间依然存在较大差异性（且有拉大的趋势）。以共同心理素质为特征的地方民族个体尚未消失，音乐作为最好的情感对照物，审美心理的地方性与民族性就不会消失。它一直以其独有的魅力丰富、发展着世界性。

第五节　美育课程构建的发展趋势

党的十八大以来，加强美育，以学校教育带动和推进社会美育等话题持续成为时代的热点。笔者从审美能力、教学内容及方法、课后延伸等方面以新时代美育标准为导向，进行较为深入的探索与改革，并在本节以美术课程为例，将美育课程和美术有机结合起来，全面提高中小学生的审美能力。

一、美术课程的功能

每一门课程的功能因为其特性对于学生们的塑造作用都会存有差异。语文可以培养学生的写作、共情能力，数学教学则可以培养学生的逻辑思维能力。针对我们所提到的美术课程，其功能也是多样化的。用一个词来概括就是"人文化"。这也是艺术课程的显著特点之一。学校在进行美育教育的过程中主要也是通过这种方式方法去实践、施行。所以说美术课程的美育功能还是很重要的。对于中小学生而言，他们的思维、体验、感悟、鉴赏能力等还是在一个逐渐形成并逐步成熟的过程，需要更健康积极的引导，美术课程就是其中的一个很好的输出途径，所以在实施素质教育过程中必须将美术课程作为实施美育教育的重要途径。下面，要谈一谈美术课程究竟有着什么样的功能。

（一）陶冶学生情操，提高其审美能力

我们可以从木心先生的诗中感受到现代的一个很大的变化，《从前慢》中这样写道："从前的日色变得慢。车，马，邮件都慢。一生只够爱一个人。"如今时代飞速发展，每个人都要不停地奔跑或许才能够保证不被时代的洪流所淹没，这样的快节奏下，好像每个人的心都浮躁起来，那么我们就需要在这样一种快节奏的生活中，实现心灵的情感平衡。美术的一个重要的特征就是情感性，这也是学生们能够在学习美术课程的过程中，通过感受他人的美术作品从而体会到作品背后的情感性，陶冶自己的情操，提升自我的鉴赏能力，从而感受到万事完美的美好与可爱。提高他们对于生活的积极探索，对于自然界的追求热爱，还有自我责任感的提升。因为每一幅画作都是每一个画家倾注了自己的情感，或表现他们的失意，或表达他们的快乐等各种各样的情感。如同诗人写诗一样，学生们在学习的时候也能够了解到各种各样与自己人生相近或较远的故事、经历，从而增加他们面对困难的勇气，萌发积极向上的情绪，让他们能够对于未来的生活有健康的认识和美好的向往。

（二）引导学生参与文化的传承和交流

美术和古诗词、歌曲等艺术在本质上都是相通的，只是表现形式不同。正是有了画，我们才可以在当代看到几千年前的古人们的生活景象，感受他们生活中的酸甜苦辣和人生趣味。所以说，美术是一种形式，也可以说是一种方式，一种人们可以借用画画这种方式来表达和传递自己内心的情感、思想等的文化艺术。现在的科学技术进步很快，很多先进的科学技术手段往往让人感到非常的震撼，借助这些科技手段能够更好地进行美术课程的教学，让学生们能够更简便、更清晰地观赏到一些画作。而且现在的一些技术让很多古老的画"鲜活"了起来，利用特殊的人脸识别技术，可以让一些古人的画像"说话""做出表情"，这些新型技术可以更好地提升学生们对于美术课程的学习兴趣，也为古老传统的一些文化艺术赋予了新时代文化的色彩。

（三）发展学生的感知能力和形象思维能力

学生们的感知能力和形象思维的能力都是可以通过美术课程的学习来锻炼提升的，而感知和思维这两者时间，思维的产生是以感知作为基础的。那么我们就非常明确了，必须要先锻炼学生们的感知能力，只有这样学生们的思维能力才可以有效得到提升。学生形象思维的提升，对于其他方面的能力拓展和上升也是非常有帮助的。例如在数学课程的学习中，有的题目是需要学生有很好的空间构想能力，如果学生的形象思维得到了较好的锻炼，他们在处理一些像几何等题目时，就会容易一些。美术课程在培育学生的感知能力和形象思维能力时，更多的是让学生们实际去感受、去实践，这样不仅便于学生们的理解，也可以让学生们在自己观赏、实践的过程中加深印象和理解，不仅可以避免学生厌学情绪，而且可以提升他们的形象思维和创造能力，提升学习自觉性和学习效果。

（四）培养学生的创新精神和技术意识

从当下社会的发展现状和发展趋势就可以看出，无论是社会还是国家更多需要的是创新型的人才。就整个世界而言，一个国家的创新水平如果名列前茅，那么该国家的国际地位一定不会太低；就一个企业而言，该公司的发展水平是否壮大，或者说该企业的服务或产品是否被大众所喜爱，一定程度上与该企业的创新能力有直接的关系。因为现代事物发展很快了，人们每天获取信息的途径都有很多，在这个过程中，人们的审美能力和鉴赏水平已经是日益趋高了，所以只有不断的创新才不会被淘汰。美术课程的学习就是要提升学生们的创造能力和水平。每一个美术作品的诞生都离不开灵感，也就是创新的想法和思维，学生们在观赏、具体细化学习的时候，可以通过他人的作品有所汲取，看一看他人优秀的作品是如何创作的，同样的看得多了，学习的多了，自然就会有形成只属于自己的创作思路和心灵感悟，就好像是长期从事一份工作，就会产生一种熟悉的敏感性，一种熟能生巧、渐进突变的灵感。通过美术课程的教学，提升学生们的创造能力，让他们有更多的想法并且有勇气将这些创新意识付诸到实践之中，[①] 对他们的成长大有裨益。

二、美术课程的教学内容

如今的美术课程的教学内容经过一定的实践和反思已经做出了相应的优化和改变，更符合时代发展的特征，也更加切合学生们的实际情况以及成长能力各方面的要求，不再是沿用以前的以课本为主，教师只讲解课本上的知识就行了。越来越多的教育从业者注意到艺术课程的教学对于学生们的综合能力提升的益处，对于学生们的素质提高的帮助，所以在这里也是按照美术的学习活动的一些方式分成了不同的学习领域。在美术新课程标准中有明确的规定和划分，主要是"综合·探索""欣赏·评价""设计·应用""造型·表现"，这四大方面。

美术这门艺术活动主要是有两个类型，第一种就是单纯的鉴赏类，第二种是自主创作的类型。这样我们可以很明显地感受到，鉴赏是属于更加内化的，而创作则是相反的。美术课程的学习绝不可能像一些理论课程，理论的理解和记忆很强，美术的学习当然也有专业的理论知识，但更重要的是它离不开实践、操作，并且其操作的过程在整个学习中占据着很大的

---

① 赵奕珂 . 基于美育校本课程设置下的小学教学空间设计研究 [D]. 北京：北京林业大学，2020.

分量。上面我们所提到的新课程中对于美术学习的划分，其中的"设计·应用"和"造型·表现"是属于创作活动，"造型·表现"是整个美术艺术学习的基石。如果将美术学习的过程看作是建造房子的过程，那么要想将房子建筑得牢固美观，基石必须是要打牢做好的。这一部分首先是强调自由、外化，让学生们能够解开束缚，自由地去表达自己的想法、内心的感受，再去创作，不被任何形式或者是题目所拘束，"设计·应用"这一方面主要是创作的设计需要有创意所在，既然是艺术创作，最好的还是不落入俗套，并且最好是能把这种创意运用到实际之中，这也是一种功能的实用性。这两者的共同之处在于它们都是属于外化的特点，而有一些小小的区别在于"造型·表现"部分更加注重自由的创作和表达，"设计·应用"部分是更加注重实用性，简单来说就是这个创作能不能运用到实际的活动之中，这是更加两全其美的。讲完了前面的两个部分，剩下的两部分就是"欣赏·评述"，从字体意思上面来看，我们也可以理解，这一部分主要是通过观赏、观察、观看、了解之后，能够有自己的看法和鉴赏的语言表达，通过这种形式不断地慢慢积淀自我，从而提升自己的审美能力和艺术水平。综合性学习也是美术新课程标准中的重要目标和改变，以往的美术教育忽视了这方面的内容，所以在课程标准中特地强化了这一部分的内容，这样一来可以培养出更加有综合能力水平和素质的人才。"综合·探索"主要提倡的是美术中各个领域之间的、美术和其他的学科之间、美术课程和现实社会之间的联系、综合探索，美术课程的学习决不能够特立独行、不关注其他领域的时事和发展状况，即便是近几年关注美术本身，到达了登峰造极的状态，但是并没有与其他部分有足够的联系和研究，也是有所缺失的。我们在这里所讲到的四个部门都是相对又是有联系的，每一个学习的领域或者说部分都有各系的重点和难点，所带来的效果也不一样。无论是老师，还是学生都应该注重这四个部分兼顾学习，兼顾发展，只有这样，才能培育出有较强综合能力和水平俱佳的人才。

三、美术课程的教学目标

（一）总目标

无论做什么事情，我们都要明确一个目标，只有这样才能够保证在前进的过程中有充足的动力和不放弃的精神。美术学习也是一样，我们要首先明确其总目标是什么，这样的话，我们就可以根据目标制定相应的教学策略、设计合理的程序，选择适宜的方法。在美术学习过程中，无论是每一个单独的学生，还是一整个班集体，都应该通过参加各种形式多样化的美术教学活动，逐渐开阔眼界，形成一定的艺术性思维，然后能够利用特定的工具、材料自己进行创作。也可以对一些艺术作品进行观赏品鉴，并与艺术理论相结合继而发表自己的看法和见解，不断地提高自己的审美鉴赏能力。从这一系列的美术活动的实践之中，学生们可以找到自己擅长的地方领域和方向，逐步提升自己对于美术的兴趣。通过专业美术课程的学习，学生们能够习得更加专业系统化的美术理论知识和最基础的艺术语言表达方式，更好地表达他们内心深处对一幅作品的理解和感知，把握作品的思想内涵等。通过整个美术课程的学习，真正让每一个学生能够在这个过程中有所收获，在不断深化审美认知的基础上，提升自己的创造思维和能力，不断地提升他们的综合素质和水平。

（二）阶段目标

1. 第一学段（1~2 年级）

每一个学段的目标都具体明晰化，有助于学生们学习效果的提升。在第一学段的时候，也就是小学一到二年级的阶段，这个阶段主要是提倡自由化，理论性的教学则不应是主要内容。更何况孩子们目前的认知水平也还没有达到，理论性的教学也不会有很大的效果。更多的是让学生们利用身边的各种各样的工具、材料等，只要是学生们自己觉得可以利用的东西都是可以进行创作的。然后利用这些材料画画，或者做手工等，重在启发孩子们的想象力和自主动手的能力。在孩童时代，孩子们的很多看法和思维其实也是很特别的，作为美术课程的老师不能够去压抑他们的天性，反而是要引导他们的一些比较新颖的思维融入实际的美术创作过程之中，这样的话可以让他们最直观地体会到美术课的乐趣，为他们后面阶段的美术学习奠定一个好的基础。老师在这过程中也要多多的创新教学的方式和方法，灵活的设计一些课堂模式，让学生们能够快乐地进行创作和发展自己的审美情趣和表现力水平。

2. 第二学段（3~4 年级）

第二阶段，就要让学生们开始接触到一定的专业性的美术知识。有了第一阶段的基础，他们对于美术都产生了一定的兴趣爱好，那么可以更好地进行例如简单的色调、形态、肌理等美术专业语言的学习，老师也可以教一些专用工具的使用方法，体验一些不同的介质、媒介所带来的不同效果。可以多让学生们看一些作品，再发表自己的想法和意见，从而进行自己的创作，老师再进行点评，同时还可以让学生们学习一些对称及均衡的原理理论，教学生们做一些手工，让他们感受到美术的乐趣和实用之处，让他们可以在自己动手的过程中感受到美术的设计和创作与其他的一些动手制作活动还是有着一定区别的。在这里，老师们也要注重将美术课程的教育、学习与其他科目相结合，这也是我们在上文中所讲到过的理论，更多地让学生们自主创作，再让学生们发表自己的创作意图、想法。

3. 第三学段（5~6 年级）

运用形、色、肌理和空间等美术语言，以描绘和立体造型的方法，选择适合自己的工具、材料，记录与表现所见所闻、所感所想的事物，发展美术构思与创作的能力，传递自己的思想和情感。运用对比与和谐、对称与均衡、节奏与韵律等组合原理，了解一些简单的创意、设计方法和媒材的加工方法，进行设计装饰，美化身边的环境。欣赏、认识自然美和美术作品的材料、形式与内容等特征。通过描述、分析与讨论等方式，了解美术表现的多样性。能用一些简单的美术术语，表达自己对美术作品的感受和理解。结合学校和社区的活动，以美术与科学课程和其他课程的知识、技能相结合的方式，进行策划制作、表演与展示，体会美术与环境及传统文化的关系。

4. 第四学段（7~9 年级）

有意图地运用形、色、肌理、空间和明暗等美术语言，选择恰当的工具、材料，以绘画和雕塑等形式，探索不同的创作方法，发展具有个性的表现能力，传递自己的思想和情感。了解主要的设计类别功能，进一步运用对比与和谐、对称与均衡、节奏与韵律、多样与统一等组合原理，利用媒材特性，进行创意和设计，美化生活，形成初步的设计意识。多角度欣赏和认识自然美和美术作品的材质、形式和内容特征，获得初步的审美经验和鉴赏能力，初步了解中外美术发展概况，尊重人类文化遗产，能对美术作品和美术现象进行简短评述。调查、了解美术与传统文化及环境的关系，用美术的手段进行记录、规划与制作。通过跨学科学习，理解共同的主题和共同的原理。从实践（欣赏）——理论——实践的反复融会过程中不断升华、深化、科学化。

（三）学习领域目标

1. "造型·表现"学习领域目标

通过"造型·表现"领域的学习活动，学生应达到以下目标。第一，认识与理解线条、形状、色彩、空间、明暗、质感等基本造型要素，并能运用对称与均衡、节奏与韵律、对比与和谐、多样与统一等组织原理进行造型活动，激发学生的想象力和创新意识；第二，通过对各种美术媒材、技巧和制作过程的探索及实验，发展学生的艺术感知能力和造型表现能力；

第三，体验造型活动的乐趣，使学生产生对美术学习的持久兴趣。设置"造型·表现"学习领域旨在突出学生的学习活动方式，淡化过于强调学科特色的倾向。本学习领域不是以单纯的知识、技能传授为目的，而是要贴近不同年龄阶段学生的身心发展特征与美术学习的实际需求，鼓励学生积极参与造型表现活动。在教学过程中，教师应引导学生主动寻找与尝试不同的材料，探索各种造型方法，不仅关注学生美术作业的结果，还要重视学生在"造型·表现"活动中参与和探究的过程。

2. "设计·应用"学习领域目标

"设计·应用"领域是指运用一定的物质材料和手段，围绕一定的目的和用途进行设计与制作，传递、交流信息，美化生活及环境，培养设计意识和实践能力的学习领域。本学习领域中"设计"一词包括与学生生活有关的现代设计基础和传统工艺。通过"设计·应用"领域的学习活动，学生应达到以下目标：第一，了解"物以致用"的设计思想，并运用设计和工艺的基本知识和方法，进行有目的的创意、设计和制作活动。培养学生的创新意识和创造能力；第二，感受各种材料的特性，合理利用多种材料和工具进行制作活动，提高动手能力；第三，了解艺术形式美感与设计功能的统一，提高对生活物品和自己周边环境的审美评价能力，激发美化生活的愿望；第四，养成事前预想和计划的行为习惯以及耐心细致持之以恒的工作态度。在义务教育阶段，设置"设计·应用"学习领域的主要目的是培养学生形成设计意识和提高动手能力。因此，在这一学习领域的教学中，应遵循学生认知发展规律，从学生的实际出发，避免学科知识专业化倾向。教学内容的选择应贴近学生的生活实际，联系社会，加强趣味性、应用性，使学生始终保持学习的浓厚兴趣和创造欲望。

3. "欣赏·评述"学习领域目标

"欣赏·评述"领域是指学生对自然美和美术作品等视觉世界进行欣

赏和评述，逐步形成审美趣味和提高美术欣赏能力的学习领域。除了通过欣赏获得审美感受之外，还可以应用语言、文字等表述自己对自然美和美术作品等视觉世界的感受、认识。通过"欣赏·评述"领域的学习活动，学生应该达到以下目标。第一，激发学生参与"欣赏·评述"活动的兴趣，学习多角度欣赏自然美以及美术作品的材质、形式、内容特征，了解中外美术发展概况；第二，逐步提高视觉感受能力，掌握运用语言、文字和形体表达自己的感受和认识的基本方法，形成健康的审美情趣，提高审美能力；第三，逐步形成崇尚文明、珍惜优秀民族艺术与文化遗产、尊重世界多元文化的态度。

4."综合·探索"学习领域目标

"综合·探索"领域是指通过综合性的美术活动，引导学生主动探索、研究、创造以及综合解决问题的美术学习领域。它分为三个层次：融合美术各学习领域为一体；美术与其他学科相综合；美术与现实社会相联系。同时，三个层次之间又有着不同程度的交叉或重叠。

通过"综合·探索"领域的学习活动，学生应达到以下目标。第一，了解美术学科与其他学科的差异与联系，学习灵活运用各学科的知识设计探究性活动的方案，进行探究性、综合性的美术活动，并以各种形式发表；第二，认识美术与生活的密切关系，培养学生综合解决问题的能力；第三，开阔视野，拓展想象的空间，激发探索未知领域的欲望，体验探究的愉悦与成功感。

"综合·探索"学习领域的教学，要求教师寻找美术各门类、美术与其他学科、美术与现实社会之间的连接点，设计出丰富多彩的"综合·探索"领域的课程。在教学过程中，教师应特别注重以学生为主体的研讨和探索，引导学生积极探索美术与其他学科、与社会生活相结合的方法，从而进行跨学科学习活动。

四、美术课程的教学理念

（一）使学生形成基本的美术素养

实施义务教育阶段的美术教育，必须坚信每个学生都具有学习美术的能力，都能让他们在不同的潜质上获得不同程度的发展。美术课程应适应素质教育的要求，面向全体学生，以学生发展为本，培养学生的人文精神和审美能力，为促进学生健全人格的形成，促进他们全面发展奠定良好的基础。因此，教师应选择基础的、有利于学生发展的美术知识和技能，结合过程和方法，组成课程的基本内容。同时，教师要注意课程内容的层次性，适应不同地区学生素质的差异，使美术新课程标准具有普遍的适应性。此外，教师应注意让学生在美术学习的过程中，逐步体会美术学习的特征，形成基本的美术素养和学习能力，为终身学习奠定基础。

（二）激发学生学习美术的兴趣

兴趣是学习美术的基本动力之一，因此教师应充分发挥美术教学特有的魅力，使课程内容与不同年龄阶段的学生的情意和认知特征相适应，以活泼多样的课程内容呈现形式和教学方式，激发学生的学习兴趣，并使这种兴趣转化成持久的情感态度。在教学中，教师应将美术课程内容与学生的生活经验紧密联系在一起，强调知识和技能在帮助学生美化生活方面的作用，使学生在实际生活中领悟美术的独特价值。

五、美术课程的教学建议

（一）注重对学生审美能力的培养

在教学中，教师应遵循审美的规律，多给学生感悟艺术作品的机会，引导学生展开想象、联想并进行比较。此时，教师不要急于用简单的讲解代替学生的感悟和认识，而应当通过比较、讨论等方法，引导学生体验、思考、鉴别、判断，努力提高他们的审美情趣。

（二）重视培养学生的创新精神和实践能力

教师要积极为学生创设有利于激发创新精神的学习环境，通过思考、讨论、对话等活动，引导学生在美术创作活动中，创造性地运用美术语言。教师应鼓励学生在欣赏活动中，开展探究性的学习，发表自己独特的见解。

（三）加强美术文化的学习

美术教学要创设一定的文化情境，增加文化含量，使学生通过美术学习，加深对文化和历史的认识，加深对艺术的社会作用的认识，树立正确的文化价值观，涵养人文精神。

（四）尊重学生的主体地位

教师要充分尊重学生的主体地位，确立学生的主体地位，实现师生角色互换，增加师生间的互动，提倡师生间的情感交流，构建平等的师生关系。

（五）鼓励学生进行综合性与探究性学习

在美术教学中，教师要引导学生加强美术与其他学科的联系，加强与学生生活经验的联系，培养学生的综合思维和综合探究的能力。

第二章　基于我国本土艺术资源的中小学 艺术类课程的多维化构建

我国幅员辽阔，各地本土艺术资源不尽相同，因此本章仅以舞阳农民画与舞阳当地中小学艺术类课程的融合为例，详细阐述基于本土艺术资源的中小学艺术类课程的多维化构建。

第一节　我国本土各类艺术资源融入中小学 美育教学的可能性

一、舞阳农民画丰富的文化资源

河南舞阳县有着丰富的历史文化财富，地理位置处于河南的漯河市，本身就具有悠久的历史文明。从该县的贾湖遗址里面出土了一些甲骨契文、用骨头制成的骨笛，还有一些陶瓷、壁画和刺绣等，品种多样且非常的精美，向当今的世人展现出当时古代先辈们的非凡智慧和工匠精神。正是因为这些优秀精致的历史文化资源，充斥着独特历史文化色彩的一些建筑艺术、民间的传统文化艺术、民间风土人情等，潜移默化地影响着舞阳县的发展，所以舞阳县也有着"帝乡侯国"的称号。现在我们可以经常在宣传社会主义核心价值观的插画上看到一些具有传统特色的插画，这些历史文化特色浓厚的艺术资源也在不停地默默影响着每一个人，尤其是现在的一些学生，使得他们会主动地了解和收集民间的一些传统文化知识，这对于舞阳县接触农民画可以说是打下了良好的基础。①

二、舞阳农民画与儿童画的异曲同工之处

儿童画和农民画有很多异曲同工之妙，儿童画的色彩是多样化且非常丰富的，也不会受所画物体的固有或者说实际色彩去限制。就像我们经常看到的儿童画，例如说是动物——兔子，兔子本身最常见的是白色，但是在作画的时候也不一定严格要求要保持与实际一样的颜色，也可以是粉红色、蓝色等。而且对于儿童而言，他们也是更喜欢明艳的色彩来直接表达自己的心情、喜爱等感情，在这一点上，农民画有着与儿童画很多一样的特点。像儿童画在画天空的时候可以用粉色，用各种各样的颜色画房子等等，这些都是着色上的特点；其次是画法，农民画和儿童画的画法也是一样的，都是利用的平面画法，通常画面都是有浓厚的装饰色彩和感觉。在上色的时候，其实很多的农民画家也不像其他画种的画家可能受过大量系统的专业培训和教育，对于农民画家而言，没有专业的技法和技巧，都是使用的原色来进行上色，不会额外的自己再进行调色。中国有一位比较出名的民间艺术大师，擅长剪纸，她的剪纸作品大多是两种颜色拼接在一起，对于这位土生土长的民间艺术家来说，她或许并不懂得专业的美术方面的色彩搭配等，但是她的作品却别有一番风味，色彩搭配也完全不会让人感觉到烦琐混乱，反而有一种清新脱俗的感觉。这些原汁原味的民间的艺术作品和孩子们经常爱用的色彩搭配就有些类似。笔者也是看了很多的民间画和儿童画，并对他们进行了分析，发现了一定的规律，在实际的教学中，还是应该多多地尊重学生们的主观意愿从而进行正确的引导，艺术本就是一个更多的归功于灵感而没有统一范式的东西，所以不能对学生们一些良好的创作习惯和可能成为优势的天赋进行束缚，只能是多多的引导客观的

---

① 林琳，李丽辉，黄晖．中小学校本课程的构建与实施路径 [J]．教育观察，2021，10（19）:4-6.

外界事物融入学生们的主观之中。这种教学方式可以很好地让孩子们更多地了解外界的新鲜事物，让他们能够拓宽自己的眼界和思维，这种方式也是孩子们比较容易接受的，效果也会很好；将农民画和儿童画相结合，激发孩子们的兴趣，对于学生们的思维开拓有很大的帮助，以及对于他们的学习能力和艺术的表现水平都可以有大幅的提升。

第二节　我国本土各类艺术资源融入中小学美育教学的必要性及切入点

如果对不同地区的美术资源进行有序、深入、合理、高效的开发，中小学美术课堂教学将会有更多丰富的本土艺术资源辅助老师们高质量授课，同学们也可以身临其境、切身实在地感受到自己所在地独特的艺术文化色彩。舞阳县的经验说明，他们的艺术资源相对来说是比较丰富的，老师在明确了本土艺术资源融入中小学美育教育的重要性和意义之后，在教学的过程中就会自然而然地改变传统的不太完善的教学方式，也就是不再仅专注于课本本身的一些不生动的知识点，而兼顾学生的主动性和主体性，在对学生的艺术情感及表达能力要积极引导的基础上，将舞阳县的农民画等优秀的艺术资源融入中小学的美育教学之中则产生了积极的意义。同学们在学习的过程中，由于这些素材都是来自自己一直生活的地方，也会产生很大的兴趣，更不会因为美术资源距离自己太过遥远而产生距离感和生疏感，让学生更加了解自己的家乡，油然而生对自己的家乡文化和故土的挚爱与赞美。

一、有助于更好的传承舞阳农民画非物质文化遗产

任何一种艺术形式想要有良好的长远的发展，就必须对于自身有一个清晰的认知。好比是市场营销中的 SWOT 理论，也就是明确自己的优势、劣势，然后寻找机会，规避挑战。舞阳县的农民画就是如此。首先要找到

自己的优势。农民画不同于其他画种，光从这个名称上我们就可以发现，它的创作人员大多是一些民间艺人，很多还是一些地道的农民经过了不长时间的培训。所以说，农民画在当下这个飞速发展，每天都有很多新鲜事物产生的时代，它的知名度还是有着很大的局限，因为不受大家的重视，很多的农民画家的作品也不能够受到大众的欣赏，更谈不上实际的经济价值。久而久之，一部分作者逐渐就离开了创作，转入其他的行业，农民画也不同程度地受到冷落。现在将舞阳县的农民画融入中小学的艺术教育之中，对于农民画本身的发展也会起到极大的助推作用。中小学的群体都是年龄较小的少年，如果说能够在教育的过程中，让他们对于农民画产生浓厚的兴趣，对于农民画未来的长远发展则是一种不可忽略的中坚力量。开发与舞阳县有关的校本课程，对于辅助学生们的学习可以更加的生动、形象、具体，同时利用舞阳县的农民画为主体开发的校本课程，学生在学习的过程中，可以不断地了解到自己家乡的艺术资源和特色文化，从而更加主动会产生保护和发扬本土非物质文化遗产的意识，从而主动地肩负起发展和光大舞阳农民画的任务和责任。

二、有助于促进学生的兴趣培养和学习方式的转变

对于现在社会中的学生们来说，书本中有限的美术课程资源和内容，完全不能够满足他们的需求，因为他们平时能够通过各种各样的信息渠道获得资源，如手机、电脑、电视等，他们各方面的眼界和审美能力是有一定提高的，如果仅靠一本书中很有限的美术资源，大家的兴趣也会很快就消失。再者，书中的美术资源可能都距离学生们的生活比较远，在他们当下的年纪对于很多艺术作品可能没办法很好地理解，这样就很容易使他们感到枯燥乏味，对于艺术课程的学习也毫无帮助，反而有负面效果。实践证明如果将本土农民画有效地利用起来，则是双赢的策略和效果。因为是本土的资源，学生接受的程度就比较高，而且会有更主要的积极主动性。

和他们的生活相关的，他们相对熟悉和喜爱的艺术资源更具有吸引力和说服力。此外，农民画的艺术风格我们在上文中也讲到过，它的色彩运用和孩子们喜欢用的着色方法大体一致，而且农民画的独特风格，表现方式也丰富多彩，这样，在教学的过程中就可以引导学生多多地关注细节的变化和差别，这对于学生们的灵感和创作欲望的激发和调动有着很大的作用。而且，在关注这些细节的过程中，再加上自己主动的创作，那么对于学生们的艺术审美能力也会有明显的提升。

以往，我们的教学方式往往是老师们在四方讲台上输出自己蕴涵的知识，学生们在讲台下靠听觉获取知识，这种教学方式固然有它的好处，但是学生们的主动参与性不大，更何况是中小学的学生，他们的自我约束力本就没有成年人强，那么很多时候的效果并不会很如意。所以在开发校本课程的时候要尤其注意将教学的主体定位在学生的身上，学习的主体本就是学生自己，不能够通过老师讲解的方式让学生们在过程中处于被动接受知识的地位。要突破这种模式，让学生们在学习的过程中更多地自己去探索发现艺术的内涵和魅力，在学习的时候，更加主动地因为产生兴趣而搜寻相关的资料、图片等，这样对于知识的理解会有更好的效果，也可以加深他们的印象。学生们不仅可以通过自己自主的学习掌握知识和技能，更能够在学习的过程中，通过团结协作的方式去探索发掘，这对于本土的艺术资源的发展也是很好的一种拓展，学生们的学习方式在不断探索的过程中也更加的多样化了。①

三、有助于拓展美术教学资源和促进教师自身的发展

把舞阳县的农民画引进地区的美术课堂，不仅能够丰富学生学习本土艺术资源，拓宽学生们的学习方式，对于老师们自身的发展也有很大的好处。

---

① 吴寒冬 . 延安红色资源在初中美术校本课程中的开发研究 [D]. 延安：延安大学，2021.

合理开发和利用地方的艺术资源，学生和老师都能够在上课的过程中感受到这些本土艺术资源的亲切感，了解艺术资源巨大的社会价值和艺术品位，这对于课堂氛围会有很大的一个调节和优化，师生间会有更多可以交流的平台和语言，增加大家的互动频率，让学生们在更轻松的氛围中学习，这样的学习效果也会更好。农民画的色彩大多都比较鲜明，他们在学习过程中，对于自己的思维开发和创作能力的提升会有很好的引导作用。学生们在学习的过程中，可以亲身去探访这些民间的艺术家，更多地了解一幅画背后的意义和情感。这样，教学方式也会更加多样化，教学的效果一定会比传统的教学方式好很多。因为大家能够有更多的主动性自己去积极探索，那么他们的兴趣会有大幅度的提升，而兴趣是学习最好的老师。

舞阳县的农民画引进中小学的美术课堂，对于教授美术的老师们来说，也是和课程中的内容相融合的一个过程。因为传统的教学方式有了改变，那么针对这些一线的老师而言，他们就需要改变自己教学的一些方式和方法，对于教育的资源也要更多地去了解学习，这对于他们自身素质的提高和教学能力的提升也会有很大的促进作用，更是一次很好的机会，老师们在了解和学习的过程中，也会增加他们的知识储存和拓宽知识领域。

第三节　新型多维化美育课程体系的构建

一、确立课程目标

（一）音乐课程的基本理念

在上文中我们讲到了美术课程，在这一节我们主要是阐述关于音乐课程的知识和理念。在《音乐课程标准》中，根据音乐艺术的发展规律和其自身的一些特征，再结合素质教育对于音乐教学学习的要求，结合中小学生的身心发展特点和审美的自然认知规律，摒弃传统的音乐课程对于学生的一些不合理要求，生硬地死记课本中的乐理知识、学会技能、弱化欣赏和掌握技能等倾向，坚持"以人为本"，确立新的十个音乐教育教学的基本理念。这十个理念是指引音乐课程创新和实施新教育的理论基础，对于改变传统生硬的音乐教学模式有着很大的变革意义。

1. 以音乐审美为核心

音乐课程不同于语文、数学等课程，其新课程的标准最核心的理念是以音乐审美为基础、为主要的观念。施行美育教育除了美术课程之外，很重要的途径就是音乐教育。音乐能够给人以美好的享受，通过不同风格的音乐表达，每个人因为自己的阅历等因素的差异化会有不同的情感体验，所以，音乐课程教育的特质就是一种情感上的审美。对于音乐的教学不能够注重理论的生硬输出，要求学生们必须更好地掌握乐理知识，通过音乐中的情感传达感人、育人，以独特的音乐美感熏陶人。可以说，音乐教学的目的就是引导学生们发现美、感受美、创造美的过程。故此音乐教学不能像语文、数学这类课程的教学一样，而是应该更多地根据美的原则、理念和规律去设置一些课程和教学方法。

音乐的旋律是千变万化的，每个不同的音乐流派和风格都有着很大的差异和各自的色彩，音乐节奏的差别也会让受众有不一样的感官体验。所以一首音乐作品的构成及其复杂的动态因素也使得音乐的美丽有着丰富而深邃的内涵，包括意境美、伴奏美、歌词美、立意美，等等。作为音乐老师，要能够发掘音乐作品中所内含的情感和创意之美，并将这些比较主观化的审美因素与课本中的理论知识相结合，教授给学生。同时，要多地引导学生们去自主地倾听音乐，在听音乐的过程中真正设身处地地思考歌词或者曲子背后传达的情感，以及整首曲调和节奏所营造的氛围，学生们还可以自己利用时间去搜集该曲子背后的故事，以及作曲家等相关知识，这样对于他们的其他知识储备也会有一定的帮助作用，在学生们自己聆听音乐的过程中，对于他们的赏析能力和审美能力的提升也会不断塑造和提升，更可能会产生情感共鸣，这样学生们学习音乐课程的兴趣也会逐渐地上升，那么学习的效果和学生们自身各方面的素养也会有一定的改变，会朝着比较好的向上的、积极的改变。①

2. 以兴趣爱好为动力

"兴趣是最好的老师"，这句话是爱因斯坦说过的，现在很多学生都会有偏科的现象，而当我们实际去调查，发现学生们偏科的一部分原因是他们是否喜欢这门课程。其实，学习并不是一件会充斥着很多乐趣且轻松就能够学习到很多知识的过程，恰恰相反，学习的过程往往都是枯燥乏味的。那么，培养学生们的兴趣对于学生们学习音乐课，就显得十分必要。如果学生们喜欢音乐，不仅在课堂上会很认真听课、主动的发问、积极的领受和吸纳，即便是下课了，学生们也会自发地去学习探究音乐相关的理论或音乐作品的意义。兴趣就像是引导学生学习前进的一盏明灯，或者说是促进学生们主动探索发掘的一份强大动力。如何更好地激发学生们的兴趣，首先就要考虑到学生群体本身的特点，大家都是对于自己未知的事物会抱着强大的好奇心，在学习中这份好奇心就是学生们强烈的求知欲望，会让学生们有非常大的主动性和积极性去把音乐课程学习好。现在的一些歌手，或者是其他的一些音乐家，大多都是从小就对音乐有着浓厚的兴趣，一直保持这样的兴趣和追求，这种兴趣支撑着他们一直在这条路上不断探索不曾放弃，让他们在以后的生活中甚至以音乐为生，这也是音乐创作的一种可持续发展。那么在教学的过程中，老师们就要多多注意了，要充分发挥音乐内在的独特魅力，教学的方式方法不能够再像以前一样那么刻板单一，而是应该运用灵活多样的教学方式，首先就要能够吸引住孩子，把"只有

① 王蓉.文化视域下的初中美术课程建构研究——以徽州木雕为例[J].美术教育研究，2021（13）：168-169.

老师讲解，学生们被动接受的方式"变成"学生们是课堂的主体。老师们更多的是秩序维护和问题解答"。另外，对于音乐教学也要创造性地研发多种形式的教学方式，让学生们的学习过程能够更加的愉悦和放松，这样也可以让他们更好地感受音乐所营造的情感氛围。此外，一个很重要的点就是要把音乐的教学更多的与学生们的生活实际相结合，脱离了实际的音乐教学是空洞的，且对于学生们的情感体验也没有多少帮助。

案例呈现：《雪山连北京》。

四川雅安一所小学的张老师在教唱一首欢快活泼的歌曲《雪山连北京》时，采用变奏的形式将歌曲的前两小节用葫芦笙演奏了一遍。学生们一听就激动起来了。欢快的藏族风格的歌曲变成了具有傣族风格的舞曲，这不就是一种创造吗？于是，在老师的诱导之下，学生的兴趣倍增，随即就近围坐成几个小组，就边讨论边创编起来。最后，学生们分别用口琴、竖笛、打击乐和演唱等方法和形式展示了自己的佳作。一场别开生面的表演把整个创作活动推向了高潮。

3. 面向全体学生

音乐教育是一门基础性的教育，不同于生物、物理教学，一般在初中的时候我们才能够接触到，从小时候在妈妈肚子里的时候，或许我们就已经接受"音乐胎教"了，足见音乐对于我们整个人生和学习都有一定的帮助，也是我们接受其他教育的一个基础奠定，所以说音乐教育是基础性的教育，而不是终结性教育，也并非专业教育，更不是精英教育。应该针对每一个学生，不能厚此薄彼，让大家都能够平等地接受音乐的熏陶和情感的体验、升华，通过对他们音乐潜能的开发，让他们能够在这个过程中有所收获，无论是主观上的情感享受，还是客观上的对于他们以后人生的基础奠定。音乐课程是艺术课程，不同于偏向理论课程的教学，音乐教学应该更多地让学生们在整个学习过程中主动地去探索，教师更多的像是摆渡人，或者说是与孩子们一同前行探索的朋友。老师和同学们的整个互动，是互相平等的一个交流过程。当然了，我们一再提到要把主动性让给学生，让他们做课堂的主人公，这并不意味着让学生们可以为所欲为，尤其是中小学的学生其自制力和思想还没有系统的成熟化，有时候不能很好地规范自己，过度的自由也会让他们失去管束，那么老师还是要起到一个整体把控的作用，要根据班级每个学生的具体情况再结合整体的环境制定一个适合的学习目标，这样也是对大家有一个学习的目标激励，促使学生们能够在主动学习、探索的过程更加专注、努力、主动、自觉地学习，让每一个学生都有自己独特的优点和思维方式，老师们不能够压抑或者是抹杀他们的优点，应给他们更多的空间，更多地去灵活营造良好的课堂氛围和能够让学生们快乐学习的方式，让每一个学生都可以真切地感受到音乐的美妙，从而使得他们的艺术审美水平可以有所提升。

4.注重个性发展

其实观察学生们的成长轨迹就能发现，每一个学生即便是同一个班级所有科目的老师也都是一样的教育方式，学生们接受的教育都是一样的。但是经过很长时间后，学生们的成绩就可能有了差异，经过一定时期后，也可能是每一个学生从事的工作可能也都不一样。大家的人生轨迹有着很大的区别，究其原因，我认为是每个学生接受艺术教育的差异性。每个学生因为成长环境、父母教育等各方面的复杂因素促使他们形成了很不一样的性格和习惯，有的学生喜欢勇敢的冒险，有的学生喜欢安静地思考，还有的学生思维比较跳脱且有创造型的天赋。所以老师要对每一个学生有着详细的了解，然后根据每一个学生的不同特点，再结合整体班级的实际情况，制定出适合大部分人的教学预案，这也是我们常常提到的因材施教。关注共性，更要注重学生们的个性，再使二者有机结合，这样的教学方式才是真正有效的。音乐教育不能够用一个固定的标准去要求每一个学生，不能说这个学生唱不好歌曲就全盘否定他的努力和优点，更不能有针对性地"选择"，甚至是"淘汰"，而且老师们应该致力于让所有的学生都能够在音乐课程的学习中有所收获，且有成功的体验，这样对于他们的人生成长中的自信积淀是会有很好帮助的，这也正是所有的音乐教师应该大力去发扬和实践的。

5. 重视音乐实践

音乐和画画有相似之处，就是不能空谈，不能够只是着眼于课本上所讲的理论性知识，而且即便是让学生们把课本上的理论知识全部背下来，他们或许也并不能很好地掌握，因为音乐教育本就是一个注重实践的过程，音乐作为一门艺术，本身特性就是如此。音乐的产生就是一项实践活动，作曲家有了一定的灵感，通过实践把音乐创作出来，再进行音乐表演，观众们进行欣赏活动，这一系列的流程都是属于实践性的活动。在实际的音乐教学活动中也是一样，学生们学习乐理知识是完全不够的，更多的应该先让他们通过自己的实践去有了一定的了解之后，再去进行学习、听音乐、演唱，利用乐器进行演奏，自己创作音乐，去听音乐会等等活动。这些都是可以从另外的方面帮助学生们培养自己的音乐素养和鉴赏能力的。如果说从来没有让学生们聆听过贝多芬的钢琴曲，那么空给他们讲解贝多芬是世界级名家，他所创作的曲子是多么的令人震撼和悦耳是没有用的，因为学生们并不能通过简单的话语中就感受到曲子蕴涵的东西和强大的情感传递。所以不仅是学生，老师们也要多多注重艺术教育整个的实践过程，给学生机会和空间，去让他们自己探索，发掘奥妙之处，在实践的过程中，也要多多的给学生们鼓励，这样他们的自信心也会有所增加，学习的主动性就会越高，学习效果也会更加顺畅。

6. 鼓励音乐创造

有专业性的研究显示，音乐对于人脑的发育有一定的积极作用，这也是很多妈妈在自己的孩子尚未出生的时候就开始了音乐胎教的原因。音乐是一门创造性的艺术，其本质和内在的价值就是激发人的创造性。所以在音乐的教育中，老师应该更多地给予学生们鼓励，辅助孩子们多多地进行音乐创造。更何况音乐是一门艺术，它没有标准化的答案，连参考答案也没有，这就是音乐教育的很大一个特征。音乐课堂永远是动态的，是一个不断变化的课堂，并不像数学一样，很多的题目都有专门的公式，可以记住公式后进行解题。音乐里面没有标准的公式，那些好的音乐也都是各不相同的，大部分好的音乐作品都是能够引起人的思考，让大家感受到情感共鸣，或者说是能够营造出良好的气氛环境等，是一种偏向于人类主观感受的艺术。中小学的音乐课程教育，其中的创造可以让学生们听与他们的实际生活不太遥远的歌，然后让他们表达出自己听这个音乐的感受，再通过老师给学生们讲授这个音乐的一些相关的理论知识，例如什么拍子等，学生们可以自主的发表自己的任何看法，有能够在课余时间自己搜集相关的资料。再者，老师们也可以让学生们学习这首歌，或者是学习其他同类型的歌曲，然后再进行表演或者游戏等等各种形式，这种形式不仅是可以由老师来制造，学生们也可以根据自己的想法多提建议，共同创造出一个学习氛围良好的环境，对于学生们的创造力、组织能力各方面都是一个提升和锻炼。而且，音乐学习是一个更加注重过程的学习课程，那么老师也要在整个过程中努力调动每一位学生的积极性，让大家都能够有自己的参与感，都能从课程中找到自己的归属和收获。

7. 提倡学科综合

现代科技和文化的发展是很快速的，社会更多需要的是综合性的人才，这也是现代教育的目标所在。基础教育的基本理念就是"综合"。以往的教育有时候会只注重于让大家学习好课本上的知识，并没有注重学生们的实际操作能力。学生们的体育素质、艺术审美素质也没有得到应有的注重，所以学生们在综合素质上还是有一定的缺失。那么音乐的教育就要与和学生的整个成长轨迹结合起来，也要和其他学科的学习结合，绝对不能特立独行。音乐教育的主要目的我们在上文中也有提到过，就是"审美教育"。"综合"这个理念的提出有利于学生们的综合能力的成长，提升全面、系统的发展和形成。所以说，在基础教育中，还是要相应的淡化学科之间的界限，利用审美教育更多地为学生们的综合素质发展奠定基础，这也是音乐教育的一大重要责任。音乐本身就具有强大的包容性、整体性、激励性和感染力，提倡学科之间的综合联系，可以让学生们对于音乐的理解有深层次的感悟，对于学生们想象力的开发、表现力的拓展和创造力的提升都有很大的帮助。音乐内涵依然是教学的重要核心，将音乐课程与其他课程相结合是为了加深大家对于音乐的感受和理解，并不是说把音乐这个主体所遗忘、忽视了。更有甚者，把音乐课当作语文课来上，让学生们死记硬背书中的知识点。有一个著名的音乐老师叫作李存，他的《走进西藏》一课，让整个课程都充满了音乐的特性，在整个课程中，李存老师以西藏地区的音乐为主要的课程资源，并在整个课程中适宜地融入了西藏地区的特色历史文化、地理知识、人文知识，这样可以加深学生们的音乐领悟，避免空洞乏味。教学的效果也会因为学生们对于音乐的感受而明显加强。

8. 弘扬民族音乐

文化是属于民族的，而世界又是由一个个的民族组成的，而民族又有很多，且每一个民族都有自己的特征和特色。像我们自己国家的很多优秀的音乐都是来自民间。民族因为历史、地理因素使得他们的音乐也有着很大的差异性。但是现在现代科技的发展使得很多传统的民间文化已经逐渐的淡化在大众的眼前，一些优秀的民族音乐在时代的发展过程中，也因为没有了传承人而消失，这是非常可惜的。所以现在的音乐课程教育也应该注重弘扬民族音乐，让学生们多多地学习民族音乐。在这个过程中，学生们可以通过自己搜索资料，了解该民族的文化特色和历史知识，扩充自己的知识面，让学生们可以真正领略到民族音色的魅力，从而真正地爱上这个音乐种类，自发地加入保护民族音乐的队伍。

9.理解多元文化

如今的世界每天都有不一样的信息在不停地交织融合，不仅是经济交流，政治、文化方面都有着多元化的发展。但是在这个过程中要想整个世界有着和谐和平的发展，就应该有求同存异的包容理念，对于外来的无论是国家还是民族的特色文化都应当怀着尊重和理解之心，当然了也并不是所有的文化都是积极向上优秀的，也会有一些糟粕和腐朽，我们应该在接受多元文化的过程中有自己的思考，有选择性地接受和创造性地继承，也就是常常所提到的"取其精华，去其糟粕"。那么老师在这个过程中，应该是一个引导和规范的角色，在面对纷繁的外表文化面前，很多时候学生还没有足够的独立判断能力，那么老师应该耐心地帮助他们，理解和尊重不同的文化，辅助他们树立多元文化的价值观念。

10.完善评价机制

教学评价其实就像是做完一件事情后的数据调查统计，然后再根据数据分析，从而找出问题所在，再具体去进行调整。这样的话可以使教学的效果有所提升和进步。音乐课程的教学评价是音乐教育的价值体现，也是对整个教育的过程和目标的评价。包括音乐教育在内的所有教育都应该是以人为本的，目的是提升学生们的综合素质。通过教学评价后，老师们就能够发现在教学过程中还存在着什么问题，也能够发现当前音乐课程教育的长处所在，这样的话，老师们就可以有针对性的进行调整，只有这样整个的教学过程才会不断进步，也更能够贴近学生们的实际学习情况。音乐教育才能够真正实现它的本质价值，完成其对于学生们的素质塑造。

（二）美术课程的基本理念

美术课程正因为属于艺术教育范畴，它的基本课程理念和其他科目的教学理念还有着一定的差异性。美术教育要实现课程教学中的课程改革，不再同于以前单纯的理论性的被动教育。而要让每一个学生都能够在学习的进程中得到进步，在原本的基础上有所提升，尤其是学生们的创造性的思维培养等。基于此，美术课程标准明确规定了五个基本的理念，这五个理念就是一种灯塔性的存在，指导着美术新课程的前进方向，为美术课程的教学方式、学生们接受美术教育的学习方式有着重大的指导意义。

1. 使学生形成基本的美术素养

因材施教是所有教育中很重要的一种教育方法，所以老师要尤其关注每一个学生的实际情况。对于学生的智力因素、学习接受能力、性格等方面都要有足够的了解，只有了解得足够清楚，教师们才可以在制定教学方法和教学目标的时候结合实际，这样形成的方法和目标才是科学的、适用于整个班集体的。如果老师们完全不了解学生的情况，空泛地制定目标，就会造成目标制定过高，那么会对班级中学习接受能力较弱的学生造成比较大的学习压力，长期处于这种环境之下可能不仅会使他们对这门艺术课程学习产生负面影响，对于其他的课程学习效果也会有所影响。学生的积极主动性也会因为信心的逐渐丧失而失去能量。另一种情况是制定的目标过低，班级中的大部分学生的基础或者是学习能力都比较强，过低的教学目标会让他们失去探索的欲望和前进的动力。教师不仅是要做到因材施教，更是要相信每一个学生都有属于自己的性格特点，每一种特点都能成为优势。结合这两个大的因素再制定合适的教学方法和教学内容，这样出来的教学效果一定会比笼统教学要好很多。美术课程作为一门艺术课程，很重要的一点是塑造学生们的艺术素养和审美能力，在学习过程中，也适宜地借助一些新型的技术手段。例如多媒体设备等，帮助学生们更好的理解和观赏作品，让学生们逐渐能够形成自己的价值观和审美意识，这也是为学生们的学习过程和人生发展打下了一个良好的基础。

2. 激发学生学习美术的兴趣

兴趣是学习的基本动力之一，美术课程要在大多数学生的心目中占有一席地位，就应该注意激发学生学习的内在兴趣，突出美术教育的趣味性，充分发挥美术教育特有的魅力，使课程内容与不同年龄阶段的学生的情意和认知特征相适应，以活泼多样的课程内容激发学生的学习兴趣，并使这种兴趣转化成持久的情感态度。把美术课程内容与学生的生活经验紧密联系在一起，使学生在实际生活中领悟美术的独特价值，从学以致用的角度激发学习的动力，努力追求生活的艺术化。美术的特点有鲜活生动的形象，强烈的艺术感染力，丰富而复杂的情感因素。学习美术课程一般应该使学生获得极大的愉悦，孔子说过："知之者不如好之者，好之者不如乐之者。"教学过程应该成为学生一种愉悦的情绪生活和积极的情感体验。

3. 培养创新精神和实践能力

创新是一个民族和国家的灵魂，源源不绝的创造能力是一个民族和国家生存与发展的基础。现代社会更需要发挥每个人的创造性和独立性。美术课程是培养创造力最有成效的课程之一，因此美术课程应特别重视对学生独特个性与创新精神的培养，要精心设计一些具体的程序和方法来培养学生的创新意识和创造能力，采取多种方法训练学生思维的灵活性、变通性和发散性，如想象画、废旧材料的重新组合等。培养创新精神还应与实践能力的培养相结合，使学生具有将创新观念转化为具体成果的能力，让学生在学习的过程中体会到成功的喜悦，从而提高学习兴趣，增强自信心。通过综合和探究性学习，在学生的头脑中形成不同知识的关联，发展综合实践能力。

二、选择课程资源

随着"艺术教育课程改革"的不断深入,过去那种教师"教书"就是"教"教材,学生"读书"就是"读"教材的"课本唯一"观念已基本得到纠正。

人们逐步认识到，"课本"教材已不再是艺术教育唯一的教学资源，教师可以根据学校现有的条件、小学生的年龄特点以及自身的实际能力，开发多种艺术教育课程资源，以形成具有个性化特点，优质实用的校本课程资源，以丰富艺术教材、教学内容。

（一）整合学校课程资源，促进学校艺术课程的有效发展

学校艺术教育课程资源一般有三种：一种是校内资源，另一种是校外资源，再一种就是网络化课程资源。艺术教育各学科的课程资源依据本学科的特点，其内容也有一定差别。

1.学校艺术课程资源与利用

学校艺术课程资源主要包括：必备的教学设施、设备，具有一定才艺的教师，有一定艺术特长的学生。除此以外，还有各种课外艺术活动小组、艺术团队以及图书馆、文化活动场馆、校园环境等。

学校课程资源开发的途径和方式有以下八种：①充分挖掘校内具有一定才艺的教师，充实艺术课程师资队伍；②充分调动具有一定艺术特长的学生的积极性，开展互帮互助的艺术活动；③充分激发学生所具有的艺术表演欲望；④丰富学校图书馆艺术书籍、音像资料等，以供师生借阅；⑤健全学校各种文化娱乐设施，充分发挥其在艺术教育中的作用；⑥在学校的规划、绿化、艺术教室和画廊布置方面为学生创造良好的艺术氛围；⑦开展校园文体、班级团队活动，给学生充分展示自己才华的平台；⑧不断积累艺术教育资料，如典型教案、音像、教具、图片等，建立艺术教育模式库，为教学提供多样选择。

2.社区艺术课程资源与利用

积极开发和利用社区资源，也是目前世界发达国家基础教育中常见的做法，例如美国将教育置身于整个社会的大背景中，到社会上的剧团、画院、青少年活动中心去请教师，或者是非专业的退休人员，请他们进行公益性

的教育活动，这在西方发达国家也是非常普遍的事情。

开发和利用社区资源要从调查社会教育资源入手，建立教育资源库。社区教育资源调查可以充分利用学生家长，在社区各阶层建立人才调查网络。将不同学科、不同层次、不同行业的社会人才资料纳入学校基础教育的管理范围内。

3. 家庭艺术课程资源的开发与利用

家庭艺术课程资源主要包括：有一定艺术素养的家长或亲友、居家环境、文艺书籍和杂志、音像资料、电脑、艺术器材、家庭文娱活动等。

家庭艺术课程资源的开发与途径主要有以下四种：①学校与部分有艺术专长或艺术修养的家长建立联系，使他们能配合学校艺术教育活动；②鼓励学生参与家庭环境布置，以提高学生动手能力；③鼓励家长多购置一些学生喜爱的文艺书籍、杂志、音像资料等，开阔学生艺术视野；④有条件的家庭，可多举办一些小型家庭演唱会、舞会。

4. 网络艺术课程资源的开发与利用

现代信息技术的发展正在突破各种资源的时空限制，使得课程资源的广泛交流与共享成为可能。教师应充分利用各种网络资源为教育教学工作服务，同时也要积极参与网络资源的建设，运用网络技术贡献自己的教学经验和成果，使之成为网络资源的一部分，与广大教师交流和分享。另外，还要鼓励学生合理选择和有效利用网络资源，从而增加和丰富自己的学习生活经验。

小学艺术课程资源的有效整合，将为积极开发和合理使用小学艺术教材提供大力的支持和必要条件。

（二）创造性地使用小学艺术教材和小学艺术教材的开发

教师应该如何对待教材，是小学艺术教材使用中的关键问题。教材是教学的主要依据，但它不是一成不变的范本，更不应成为束缚教师特长和才能发挥的锁链。在此基础上，透过教材的内容，挖掘教材中蕴含的各种潜在因素，以教材为载体，灵活有效地设计、组织、开展教学活动。

我们以小学美术教材为例，研究如何创造性地使用小学美术教材和开发美术教材。

1. 如何创造性地使用小学美术教材

创造性地使用教材的实践，归纳起来主要可以从以下四个方面来考虑。

（1）以课程标准为依据，紧密结合教学目的，适当增减或更换教学内容

如果教材中有不能实现课程标准要求的地方，或是与本地情况和学生实际不相吻合的地方，就需要对教材进行取舍和补充。比如，有些教材内容，在城市或农村学校使用时，在发达和欠发达地区学校使用时，在不同地理环境内的学校中使用时，应该根据实情进行更替和变换。

（2）根据学生实际情况，围绕学校或本地区的社会活动安排等因素调整教材

创造性地使用教材，要求教师从学生的认识水平、心理特征、学习规律等实情出发，灵活处理教材，调动学生学习兴趣，创造良好的学习情境，让学生处于最佳的学习状态。比如儿童从小就喜欢在墙上或地上涂涂画画，但在日常生活中却缺少能让他们如此随心所欲、自由表达的机会和场所，根据儿童的这种心理特征，我们可以把绘画课搬到户外，让学生在专门提供的墙面和地上使用粉笔、水粉颜料、水性喷笔等进行绘画练习和创作。学生在这样的绘画练习中，既会保持较高的兴趣，在快乐中学习，同时又能熟悉不同的工具、材料，对提高学生多方面的技能具有独特的作用。对于那些准备美术材料有困难的学生或学校而言，这种形式也是一种较好地解决问题的办法。

（3）从教学目的及内容的需要出发，依据教学资源的情况，以灵活丰富的方式设计教学，比如教材中的造型、表现领域，就不一定用绘画的方式用笔和颜料在纸上进行练习。

为了使学生能尝试不同的工具和媒材，体验造型的乐趣，增加课程的趣味性，教师在使用此章节的教材时，是有很大的自主空间的。如在以"幻想未来"为主题的学习中，可以提出不同的创作方向，让学生大胆尝试用各种材料，以多种形式来表达。既可以描绘，也可以动手制作或是电脑创作。把通过想象创造出来的形象："未来的房屋""未来的汽车""未来的学校""未来的食物""未来的地球"等用泥塑、纸塑、雕刻、拼贴等方法表现出来就是最终的目的。又比如，橡皮泥一般是用于手工制作中的材料，常用来代替黏土进行立体塑造。我们也发现橡皮泥还具有这样一些特性：①橡皮泥通过捏、压、拉、刮等可以形成各种简练的形象和丰富的纹理（适合表现装饰画的各种效果）；②橡皮泥做成的形象能随意安排，灵活多变（方便进行装饰画的构图和布局练习）；③橡皮泥的色彩鲜艳，能够混合或者间隔过渡（提供了装饰画更丰富的色彩变化）；④立体的形态和作品的光影变化，可以调动学生视觉和触觉感受（使装饰画产生新奇、别致、有趣的效果）。因此，如果把橡皮泥用在装饰绘画中，替换掉纸和笔，设计制作成装饰浮雕画，会使装饰绘画训练内容更丰富，其作用也会更全面。

（4）根据教学需要，联系多学科重组教材单元，开展综合性教学活动

在教材的使用中，可以加强各学科之间的横向联系，把美术教材和其他学科教材中相同的内容和重叠的知识整合起来，运用综合实践活动的形式开展教学。这样能形成多学科知识的渗透，促进学生比较全面地获得知识，发展综合运用知识的能力，让美术学科成为以学生的经验与生活为核心的实践性课程，比如在美术课程中出现的有关表现季节的内容，这一主题也会在其他学科中涉及。如果只是单纯地从美术的角度让学生去表现这个内容，往往都显得表面化、形式化。学生对这一概念的认识被人为地割裂开，很难对不同季节的特征有一个综合、深刻的理解，也就产生不了具有感染力和生命力的作品。如结合数学课中的"气温测量与统计"来记录，科学课中"观察日

记"来观察，语文课中的课文、诗词来感受，音乐课中的乐曲来体会。最后，再运用多样化的艺术语言和手段来描绘、表现季节变换的多姿多彩。利用这种多学科的综合、联系和贯通的方法，可以设计出很多具有创造性又符合学生个性特征的教材内容，并通过此类课程增强学生的创新意识，促使学生自主性学习、探究性学习，收到事半功倍的学习效果。

2. 怎样开发小学美术教材

小学美术教材的开发同样要依据本地区和学校的具体特点和条件，紧紧围绕艺术教育的总体目标和宏观机制，充分发挥学校优势和教师的特长，并在开发过程中以满足学生需要和体现教学特色为目的，充分体现教师的主导性和学生的主体性。

3. 小学美术教材开发的途径

小学美术教材的开发途径大致可以归纳为以下几个方面。

（1）利用本土材料资源进行开发

比如，有的学校所在地溪流众多，那里有大量形状不同、色泽各异的鹅卵石，它们是用来创作美术作品的好材料。可以制作成各种卵石画、卵石雕塑等。临湖临海的学校，可以收集随手可得的各种贝壳，利用它们独特的造型、色彩和肌理的美，通过寻找、发现、观察、想象、组合和创造等一系列美术活动，制成造型新颖的装饰作品。再如，处在产煤地的小学，可以用身边普普通通的煤块做材料，开展造型活动。根据煤块特有的外形结构、纹理走向，发挥艺术想象力，对煤块进行雕琢和加工，化平常为艺术，化腐朽为神奇，变成了生动有趣的动物或人物形象。利用本土材料还包括使用一些本地工厂的废弃生产材料和家庭废旧物品。如工厂里的边角余料，家庭里不用的包装材料等，对这些材料的加工，特别注重发挥创造力想象，突出构思的"巧"，制作难度并不高，很适合小学生的特点。这种教材内容可以让学生在老师的循循善诱中，联系生活进行观察、回忆，或写生变形，从材料的原始形状、色泽纹理中产生形象联想，使学生萌发想象力和艺术创作灵感。比如，用废的胶木板，利用它上面原有的孔洞，再选择合适的切割下来的边角，黏接组合就成为生动的梅花鹿等动物造型，利用外形不同的饮料瓶，加上铁丝、铆钉或纸、布、线等，可以创作出造型丰富的人物形象，作品抽象之中见具象美，很有装饰味，也很适合小学生的审美趣味和能力。对本土材料的使用会使学生闪耀出他们智慧的火花和艺术想象力，有效地培养学生关注生活、美化生活的意识和创造力，并能充分展现地方特色和学生个性。

（2）利用乡土资源进行开发

乡土资源是在自己所生活的地区里，自然人文环境和社会群体中特有的资源。可以从当地的市或县志办、档案馆、风景管理处、报社、电视台、工艺美术厂等各方提供的资料入手，从中选取既有明显地方特色，有较高知名度，又具有易教易学和可操作性的内容作为教材。利用乡土资源的教材开发，主要有以下内容：①家乡的画家。参观本地画家的纪念馆或画展，请当代的本土画家来校和学生开展艺术活动等。也可以以一位本土著名画家为教材内容，设计出一些相关的主题，如收集画家的生平材料，用绘画语言描述一个有关他的有趣故事，找出你最喜欢的画家的作品，临画你认为最美的一幅，为画家设计一枚纪念邮票，为画家办一个宣传小报或设计一个画展海报等；②家乡的名胜。如以写生画、记忆画、命题画的形式，让学生表现家乡具有悠久历史和艺术价值的园林建筑、文物古迹等，让学生感受到古老文明和优秀艺术作品的永恒魅力；③家乡的美景。如让学生寻找代表家乡风情和气韵的美景，通过自己的感受和描绘，再以多种美术形式表现出对家乡的热爱；④家乡的文化艺术活动。如让学生参与其中，开展相应的美术创作活动，能突出地方特点和学生个性，并让学习密切联系实际、联系社会，使学生的美术创作活动更实用化、生活化。这种在广泛的文化情境中探索、学习美术的教材内容，对培养学生自主学习的习惯和多方面的才能大有益处。

三、小学艺术课程的目标及内容标准

（一）音乐课程的目标及内容标准

音乐课程目标的达成需要在音乐教学中才能完成，如果再具体到音乐课堂教学目标来说，它对音乐课堂教学的教学进度、教学过程、教学方法和学生的学习结果，具有导向、规划、调控和评价的作用。

1.音乐课程的总体目标

音乐课程总目标是这样表述的："通过教学及各种生动的音乐实践活动，培养学生爱好音乐的情趣，发展音乐感受与鉴赏、表现能力和创造力，提高音乐文化素养，丰富情感体验，陶冶高尚情操。"课程目标以音乐课程价值的实现为依据，以学生的发展为根本，目标定位准确，体现了"从学生出发，以学生的发展为中心"的指导思想，突出的是音乐课程的价值。《音乐课程标准》的课程目标分为三个维度：即情感态度与价值观、过程与方法、知识与技能，体现了新课程标准的价值追求，是音乐学科课程目标的总框架，它明确了音乐课程要进行价值本位的转移，即由认知本位、学科本位转向以学生发展为本位，音乐课程的教学目标要真正体现知识、能力、态度的有机整合，才能符合素质教育对音乐教育提出的标准与要求。

（1）情感态度与价值观

对于音乐课程来说，其教育的主要效应不在知识和技能的习得，而是体现在熏陶、感染、净化、体验、顿悟等情感层面上，音乐教育的机制主要体现在有情感的教师将表达情感的音乐传达给需要不断丰富情感体验的学生。目标强调情感、态度、价值观三个要素，"情感"不仅体现为学生的学习兴趣、学习热情、学习动机，更是指内心的情感体验和心灵世界的丰富。这里的"态度"不仅指学生对待学习的态度和学习责任，更是包含着

乐观的生活态度、求实的科学态度、宽容的人生态度等方面的积极向上的态度。在"价值观"方面不仅体现为个人的价值，更体现在个人价值与社会价值的统一；不仅体现在科学价值上，更体现在科学价值与人文价值的统一之上；不仅体现人类的价值，更要体现在人类价值与自然价值的统一之上，从而使学生内心确立起真、善、美的价值追求以及人与自然和谐共处可持续性发展的理念。

（2）过程与方法

把"过程与方法"作为课程目标,是这次课程改革前所未有的一大创举,意义非常重大,对于音乐教学具有非常积极的指导作用,也更加显示了《音乐课程标准》与《音乐教学大纲》的不同之处。我们知道,音乐课程本身所具有的模糊性、多解性和非语义性等性质与特点,也决定了音乐教学和音乐学习必须通过一种特殊的方式——感受体验的方式来进行,这是任何方式也无法取代的。

（3）知识与技能

目标注重音乐课程价值的实现，突出以学生的发展为中心的指导思想，遵循学生的认知心理规律，注重学生的生活经验，去强调怎样学，学什么。在"音乐创作与历史背景"中，强调的是学生通过音乐创作与相关音乐历史背景和音乐与相关文化的学习，发展学生的创造思维能力，以"自由、即兴的创作方式表达自己的情感"，体现的是尊重和发展学生的特长和创造潜能。

2. 音乐课程的分段目标

（1）分段情况及学段目标

音乐课程的总目标，分别体现在义务教育阶段1—2年级、3—6年级、7—9年级（初中阶段）三个学段的九学年中。学段目标的划分和各学段内容的组合充分注意各学段学生的生理、心理特点和认知规律及学生的生活经验，也要遵循音乐本身的认知规律。如第一学段采用短小有趣而形象鲜明的音乐材料，采用歌、舞、图片、游戏相结合的综合手段进行直观教学；第二学段以生动活泼的教学形式和艺术的魅力吸引学生，丰富教学曲目的体裁、形式，增加乐器演奏及音乐创造活动的分量，引导学生对音乐的整体感受等。

（2）学段目标的发展线索

学段目标注重突出音乐课的特点，是从激发和培养音乐兴趣出发，循序渐进、由浅入深来安排的，即音乐兴趣—音乐感知—感受力、鉴赏能力—歌唱—音乐表现和即兴创造（表现音乐的能力、艺术想象力和创造力）—乐观的态度和友爱精神（与人合作），也就是从音乐的感知—表现—创造—情感这样一条线索发展进行的。并从低段到高段逐步提高对学生的能力要求，符合学生的生理、心理发展规律和音乐听觉的感知规律，同时注重在提高学生的音乐素养的同时提高学生的人文素养，如开发音乐的感知力，体验音乐的美感（1—2年级）—培养音乐感受与鉴赏的能力（3—6年级）—激发和培养学生对音乐的兴趣（1—2年级）—保持学生对音乐的兴趣，使学生乐于参与音乐活动，培养艺术想象和创造力（3—6年级）—培养乐观的态度和友爱精神（1—6年级）等。

（二）美术课程的目标及内容标准

新的美术课程目标的设定内涵较为丰富，将教学方式的组织、教学的方法、应达到的目标有机结合在一起，表述较为概括。对比以往教学大纲内容对知识点的教条化，表现出更强的时代适应性和内容与目标相融合的科学性。

课程目标分为两个组成部分。首先是整个系统目标应达到的层次（也可以理解为学生通过完整的全日制义务教育美术学科的学习应该获得的最佳学习效果），即课程总目标。其次是将义务教育阶段的美术学习分为四个阶段，以相对递进的关系来具体表述目标，即课程阶段目标。当然，这样的阶段目标由于考虑到学科的独特性，没有采取具体的量化方式来递进。

如此，既能体现"生活化美术"的指导精神，又能使教育者有一定的灵活组织教学内容的空间。

1. 美术课程的总目标

美术课程标准从学生的角度出发，采用科学的框架和较严密的语言逻辑，确立了知识与技能、过程与方法、情感态度与价值观三位一体的总目标，把目标整合为一个有机的整体。课程目标的表述，紧紧扣住美术学习的过程与方法，把知识与技能和情感态度价值观的目标渗透其中，体现了课程改革的基本思想。

（1）知识与技能

知识与技能是任何学科学习的基础，反对过分专业化的知识技能的学习并不意味着不要专业知识和技能。在美术新课程总目标的表述中，没有罗列对知识与技能获取的具体要求，但适当降低了对美术知识与技能的难度和要求，有别于专业美术学科体系，体现了素质教育的精神，如"学习美术欣赏和评述的方法""了解基本美术语言的表达方式和方法""形成基本的美术素养"等。

（2）过程与方法

把"过程与方法"作为课程目标之一，是新课程标准的突出特点，"以个人或集体合作的方式参与各种美术活动，尝试各种工具材料和制作过程""体验美术活动的乐趣""发展美术实践能力"等表述，充分体现了目前课程改革的一个重点，那就是教会学生如何去学习，因为当今社会是一个学习化的社会，学习是每一个社会成员终身的事情，培养学生的学习兴趣和学习能力是教育不容忽视的任务。这也是总目标中重点强调过程与方法的重要原因之一。而只有通过学习这一过程，学生才能体验到学习的兴趣，掌握一定的学习方法并获得持久的学习动力。

（3）情感态度与价值观

在教育活动中需要发展的情感态度与价值观必须对个体本身及社会的稳定和发展都具有积极的意义，这是美术教育必须高度关注的问题。在教学中必须以"人"为教育对象，致力于培养学生积极的态度和正确的价值观，将其有机地渗透到课程教学内容中去，并有意识地贯穿于教学过程之中。没有健康积极、正确向上的学习态度和审美价值观，即便是受教育者具有一定的专业知识和技能，也不能使之成为具有创造精神、高尚的审美情操并且人格完善的人。

以上三个维度有机结合在一起，相互关系是紧密而不可分割的，它们之间没有主从关系，体现了一种把科学与艺术、理性和想象力、感觉和创造性结合的意念。这种表述方式给美术教师一种启示：任何教学内容都应该从过程的角度来界定，内容也包括过程，并体现在过程中，成为过程的一部分。

2. 美术课程的阶段目标

由于美术学科自身的独特性，很难具体量化为若干明显差别的等级，它应该是块状而不是粒状的。美术阶段目标遵循了宜粗不宜细的原则，将义务教育阶段的美术学习分成了四个阶段，并相应确定了具有相对递进关系的阶段目标。

新课程标准以四个学段来划分美术学习：第一学段（1—2年级），以游戏、参与、感受和体验为主。第二学段（3—4年级）、第三学段（5—6年级）、第四学段（7—9年级），则在学习要求上有递进关系。这四个阶段是由低学段向高学段递进的，而且每个学段中均从"造型·表现""设计·应用""欣赏·评述""综合·探索"等四个学习领域按阶段目标提出了要求，体现了美术教育的特点和循序渐进的原则。

3. 美术课程的内容标准

"造型·表现"是美术学习的基础，它的领域是指运用多种材料和手段，表达情感和思想，体验造型乐趣的学习领域。表现则是通过美术创作活动来传达观念、情感和意义的过程。造型是表现的基础，表现是通过造型的过程和结果而实现的。本学习领域在小学低年级阶段，强调感受、体验和游戏性，看、画、做、玩融为一体，模糊学科门类界限。随着年龄的增长和课程学习的深入，学科知识的轮廓将逐渐适度地显示。认识美术线条、形状、色彩、明暗等美术基本造型要素，运用对称与均衡、节奏与韵律、对比与和谐、多样与统一等美学组织原理，运用各种美术媒材、技巧和制作过程的探索及实验，发展艺术感知能力和造型表现能力。在体验造型活动乐趣的过程中，产生对美术学习的持久兴趣。在教学过程中，应引导学生主动寻找与尝试不同的材料，探索各种制造方法，不仅关注学生的美术作业，更要注重学生"造型·表现"活动的过程。其活动方式更强调自由表现，大胆创造，外化自己的情感和认识。

"设计·应用"是指通过一定的物质材料和手段，围绕一定的目的和用途进行设计与制作，传递交流信息，美化生活及环境，培养设计意识和实践能力的学习领域。了解运用设计的基础知识和方法，感受各种材料的特性，进行制作活动，提高动手能力，激发美化生活的愿望，养成事前预计和计划的行为习惯以及耐心细致、持之以恒的工作态度。"设计·应用"学习领域的主要目的是培养学生形成设计意识和提高动手能力。因此在这一学习领域的教学中，应遵循学生认知发展规律，从学生实际出发，避免学科知识专业化倾向。教学内容的选择应贴近学生实际，密切联系生活，联系社会，加强趣味性、应用性，使学生始终保持浓厚的学习兴趣和强烈的创作欲望。活动方式既要强调形成创意，又要注意活动的功能性。

"欣赏·评述"是指学生对自然美和美术作品等视觉世界进行欣赏和评述，逐步形成审美趣味和美术欣赏能力的学习领域。除了通过欣赏获得审美感受之外，还应用语言、文字表达自己对自然美和美术作品等视觉世界的感受、认识和理解。这一学习领域则更注重通过感受、欣赏和表达等活动方式，内化知识，形成审美心理结构，激发参与活动的兴趣。利用当地的文化资源，使学生更好地了解家乡，涵养人文精神。多角度欣赏、认识、了解中外美术发展概况，逐步形成崇尚文明，珍惜优秀民族艺术与文化遗产，尊重世界多元文化的态度。

"综合·探索"是指通过综合性的美术活动，引导学生主动探索、研究、创造以及综合解决问题的美术学习领域。它分为三个层次：①融美术各个学习领域（"造型·表现""设计·应用""欣赏·评述"）为一体；②美术与其他学科相综合；③美术与现实社会相联系。这一学习领域的教学要求美术教师寻找美术各门类、美术与其他学科、美术与现实社会之间的连接点，认识美术与生活的密切关系，设计出丰富多彩的"综合·探索"领域的教学活动。在教学过程中，应特别注意以学生为主体的研究和探索，要求学生灵活运用各学科的知识，设计探究性活动的方案，进行制作、表现和展示，唤起对未知领域的探究欲望，并体验愉悦和成就感，旨在发展学生的综合实践能力和探究发现能力。

（三）综合艺术课程的目标及内容标准

作为基础教育阶段的综合艺术课程，着眼于使学生从小喜爱艺术，形成一种终身追求艺术、参与艺术活动的倾向，为他们奠定全面、持续发展的良好基础。因此艺术课程目标的设定必须立足于学生完整人格的发展。

1.综合艺术课程的总目标

艺术课程的目标从过去重在培养学生的艺术知识与技能转变为促进学生艺术能力与人文素养的整合发展。艺术课如果不能发展学生基本的艺术能力，就失去了自身的特性和价值。而如果失去人文关怀，仅仅教给学生唱歌、画画、跳舞的技术，就等于把一个有感情、有思想、有追求、有幻想的活生生的学生，变成一个死的工具。因此，艺术课程对课程总目标进行了这样的表述：通过各学段的学习，不断获得基本的艺术知识技能以及艺术的感知与欣赏、表现与创造、反思与评价、交流与合作等方面的艺术能力，提高生活情趣，形成尊重、关怀、友善、分享等品质，塑造健全人格，使艺术能力和人文素养得到整合发展。

2. 综合艺术课程的分段目标

艺术课程标准按照学生心理、生理特点，分为1—2年级、3—6年级、7—9年级（初中）三个学段。各学段的学习，既有艺术能力在每个学段上的整合、成长、递进，又有知识技能等各种能力的螺旋上升，艺术能力在每个学段的成长，不是工艺流程式的知识技能积累，而是不断地整合与提高。学生艺术能力在每个学段的整合，将为下一学段的学习提供有力的支持。

因此，要实现总目标，分段内容标准的各方面和各领域必须得到沟通与融合。"艺术与生活"强调观察与感知，但任何观察与感知都离不开情感、文化素养和科学方面的知识。"艺术与情感"强调艺术创造和艺术欣赏的情感体验基础，但情感体验又不能脱离生活与文化；"艺术与文化"强调对艺术品含义的把握，但这种把握又离不开情感与生活的体验；"艺术与科学"强调对媒介各种性能的认识，但它又离不开对生活的观察和感知。教学中这四个方面只有贯通一体，才能达到艺术教育应有的效果。

3. 综合艺术课程的内容标准

综合艺术课程是这次国家基础教育课程改革中诞生的新型课程，它体现了《基础教育课程改革纲要（试行）》中关于"改变课程结构过于强调学科本位、科目过多和缺乏整合的现状，整体设置九年一贯制的课程门类和课时比例，并设置综合课程，以适应不同地区学生发展的需要，体现课程结构的均衡性、综合性和选择性"的要求。

综合艺术课程的教学内容：注重音乐、舞蹈、美术、戏剧、影视等不同艺术门类之间的融合以及艺术领域与其他非艺术领域的融合，知识、技能与人文主题的结合、艺术与生活、情感、文化、科学的关联为主要内容。

综合艺术课程的学习方式:以音乐、舞蹈、美术、戏剧为载体,以体验性、探究性、反思性学习为活动因素,为课堂提供更多的情境参与,这种多元化的情境设置,给学生带来多角度、多方面、多渠道的体验、发现与思考。

综合艺术课程的目标:是面向全体学生以培养学生的艺术能力和人文素养的整合发展为总目标。为了这一目标得以实现,艺术课程教学应围绕艺术课程目标的四个领域来培养学生的艺术能力和人文素质。

四、设计教学方法

教学设计是运用系统方法分析教学问题和确定教学目标,建立解决教学问题的策略方案、试行解决方案、评价试行结果和对方案进行修改的过程。

艺术课程的教学设计,就是指为顺利、有效地完成或实现艺术课程的教学目标而进行的设想或计划。其设计内容应该宽泛,具有历史的、动态的特点。不同时期的教学,由于教学思想、社会需要、时代特点的差异,教学目标也就不同。为实现教学目标而进行的教学设计也就不同。社会发展的不同历史时期,有不同的教学设计观和设计方法,同一时代、同一教学思想指导下的教学设计,又因教学组织者的个体差异、认知差异、外部条件差异而各不相同,呈动态发展的趋势。教学设计还具有创造性,既然谓之"设计",就要探求较已有的方法或方案更为有效地实现教学目标的途径,不断推陈出新,所以,教学设计呈现出千变万化的多元化格局。

作为现代艺术课程教学的设计,不仅要做好学生为实现学习目的的安排、设想,还应全面掌握学生学习艺术的全过程,包括学习活动、情感变化、思想认识、知识技能等,以便评价、反馈、矫正在教学过程中出现的问题,不断地获得及时的教学反馈信息,并据此为学生提供各种可供选择和补充的教学手段和材料。这就是要及时了解在整个教学活动中,师生双方出现的各种误差,以便及时调整、纠正,使教学更加有效,更加合理和更加科学。

（一）音乐课堂教学设计

音乐课程教学设计是音乐课程实施中一个极为重要的环节。《音乐课程标准》描绘了音乐课程改革的蓝图，制定出学生音乐素养的培养总目标，为课程实施提供了理论的指导和依据，把蓝图变成现实，把总目标分解为一个学段、一节课堂教学能达成的小目标，并为达成这些目标而涉及的相关问题进行了预设。如果说课程标准是我们的航海目标，那么音乐课程教学设计则是达到目标的导航图。

1. 音乐课堂教学目标设计

音乐课程的培养目标是提高学生的审美能力，发展学生的创造性思维，形成良好的人文素养，为学生终身喜爱音乐、学习音乐、享受音乐奠定良好的基础。

音乐课程目标分总目标与学段目标，是指导音乐课程编制过程的核心。音乐课程总目标是从宏观的角度规定某一教育阶段音乐教育所要达到的最终结果；学段目标是从中观的角度规定某一教育阶段的特定学段音乐教育所要达到的阶段性结果。课程目标明确音乐教育发展方向，提示音乐教育计划要点，提供音乐学习经验方法，确定音乐教育评价基础。

音乐课堂教学目标，是课程目标的具体化，是指导、实施、评价教学的基本依据，是需要在具体的"单元"或"课"中落实的。音乐教学目标具有导向、规划、调控、评价的作用。

（1）音乐课堂教学的三维目标

情感态度与价值观目标体现在丰富情感体验、培养对生活的积极乐观态度、培养音乐兴趣、树立终身学习的愿望。提高音乐审美能力，陶冶高尚情操，培养爱国主义和集体主义精神，尊重艺术，理解多元文化。

过程与方法目标为：体验、模仿、探究、合作、综合。

知识与技能目标为：音乐基础知识、音乐基本技能、音乐创作与历史背景、音乐与相关文化。

（2）音乐教学目标与教学目的的区别

教学目的应是从艺术教育的规律出发，从教学的角度，提出的希望使学生达到的境界。按照以往从教师的主观意愿出发，强调"以教师为中心"，行为主体是教师，就忽视了学生的主体作用。一般采用"通过……""培养学生……""提高学生……""使学生……"等语言进行描述。这是与新课程目标相背离的。

新课程下的音乐课堂教学目标是以学生为出发点，从学习的角度，提出的学生能够达到的、具体的、可操作的、能检测的行为目标。行为主体是学生而不是教师。它指明教学过程结束后学生身上所发生的行为变化。

（3）音乐教学目标的表述

教学目标的表述应是明确的、具体的，是可以观察和测量的。因此，目标的陈述要注意四个基本要素：行为主体、行为动词、行为条件和表现程度，一般采用如下词语进行描述。

知识技能目标如下：

操作——模奏（唱）、听奏（唱）、背奏（唱）、熟歌奏（唱）谱、视奏（唱）、独奏（唱）、齐奏（唱）、合奏（唱）、哼唱、完成、制定、解决、尝试等。

了解——说出、背诵、描述、复述、回忆、选出、识别等。

理解——鉴赏、评析、解释、说明、区别、懂得、整理等。

应用——创作、表演、扮演、听辨、自制、质疑、撰写、创意、设计等。

模仿——模拟、重复、再现、类推、扩展等。

迁移——联系、转换、灵活运用、举一反三、触类旁通等。

体验性目标如下：

经历（感受）——聆听、感受、感知、参与、探索、观摩、观看、寻找、交流、分享、访问等。

反映（认同）——知道、认可、愿意、接收、欣赏、关注、拒绝、摈弃等。

领悟（内化）——形成、具有、树立、喜欢、热爱、坚持、追求等。

2. 音乐课堂教学策略与方法

音乐课堂教学策略，是指教师为实现音乐课堂教学目标或教学意图而采用的一系列具体的行为方式。它包括合理选择和组织教学方法、教学材料，确定教师的教学行为方式和学生的学习方式，以及整个教学活动步骤、方法、形式和教学媒体设备的运用等。由于音乐学习的特征是自由与自主的、开放的、平等的、不确定性的、弥漫性的、持久性的、创造性的、交流与合作的，因此，学习特征的多样性决定了音乐课堂教学策略与方法的丰富多彩。所有的教学方法都有其各自的特点，各具其相应的针对性和实用性。教学有法，教无定法，贵在得法。只有针对学生、教师、教材、硬件设施设备等实际情况，优选教学方法，才能提高课堂教学效益。笔者将从音乐课程内容的四大领域的角度，介绍相关教学策略与方法。

（1）音乐感受体验与教学策略方法

在进行音乐的表现要素、情绪与情感、体裁与形式、风格与流派的教学中，应激发学生聆听鉴赏音乐的兴趣，养成聆听音乐的良好习惯，逐步积累鉴赏音乐的经验。应采用多种形式引导学生积极参与音乐体验，鼓励学生对所听音乐有独立的感受和见解，帮助学生建立起音乐与人生的密切联系，为终身学习和享受音乐奠定基础。

多用"先听后讲"的教学方法，鼓励学生探索、评论音乐。

方法一：先听音乐，教师讲解。

方法二：学生先讲，教师后讲。聆听音乐时，应尊重学生的独立感受与见解，让学生自己来讲一讲，鼓励和引导学生畅所欲言并乐于与他人分享音乐体验，在体验中收获经验，并得到情感上的愉悦；允许学生发表不同意见，鼓励学生对音乐的不同评价。

日本高萩保治先生介绍的欣赏教学的基本方法对我们具有切实可行的借鉴意义，方法如下：

边身体反应，边聆听音乐：①随着拍子、节奏等做动作，如随音乐摆动身体或手臂；踏步、走步、踩着舞蹈拍点模仿跳舞。②做模仿指挥动作。③模仿演奏乐器的动作。④听到乐曲不同部分做不同的指定动作。

将听音乐的感受用语言、文字、图画表达出来，或将音乐标以标题，或将音乐加以表演：①用简要的语言、文字表达对音乐的感受。②用简明的图画将音乐感受表现出来。③自己给音乐命名一个"标题"。④将情节性音乐编成戏剧性的表演。

将聆听音乐与其他音乐学习领域相联系：①使用音乐主题进行动作反应（律动）。②使用音乐主题做视唱练习（视唱）。③唱音乐主题（歌唱）。④用乐器演奏音乐主题（演奏）。⑤用音乐主题进行创作活动（创作）。

结合聆听音乐做适当讲解：①结合聆听解说演唱、演奏形式等知识。②故事性、情节性的说明。③音乐家、音乐史等相关内容的说明。

（2）音乐表现教学策略与方法

演唱：歌唱教学首先要激发学生歌唱的兴趣，喜欢唱歌，因为兴趣是最好的老师；其次是情感交流，这是歌唱教学最重要的目标，感受、表达歌曲的情感，有理解、有感情地唱歌；最后才是学会歌唱、识谱、发声等，学习相关的音乐知识与技能。要注意调动每一个学生参与的积极性，培养演唱的自信心，使他们在歌唱表现中享受到美的愉悦，受到美的熏陶。

歌唱教学方法有：听唱法、跟唱法、模唱法、视唱法等。其中，模唱法是指教师教一句，学生模仿一句。视唱法是指在教师的指导下，让学生识谱学唱歌曲的方法。传统的唱歌教学方式是：视唱为主，要么先唱歌谱，要么单纯分句模唱，要么先作分解练习，一般大部分时间都用于学唱新歌。新课程理念下的唱歌教学方式更灵活有效，更富有创新性。

歌唱教学要注意听唱与视唱相结合。听唱和视唱相结合。从低段到高段，一般从听唱法向视唱法的过渡，采取整体听唱和分句听唱相结合，唱歌歌词和唱曲谱交替进行，这样更有利于学生识谱能力的逐渐养成。

歌曲教学过程中，要尽快把歌曲唱会、唱好。正确把握歌曲的曲调、节奏、歌词，理解、感受、体验歌曲的情感；正确表达歌曲的情感、风格；创造性地表达歌曲的情感、风格。

小学低年级要求学生背唱每首歌曲的歌谱，有利于学生唱名音高感的形成。要用大部分时间进行歌曲艺术处理，感受、表现、体验歌曲的情感。要把歌曲艺术处理贯穿于歌曲学习的全过程，保证大部分教学时间和主要精力进行歌曲艺术处理，多让学生主动地、创造性地进行歌曲处理的尝试，逐渐养成创造性地进行歌曲艺术处理的能力。

案例与评析：种玉米。

师：小朋友知道这种的是什么吗？竖起小耳朵，你来听一听。（学生初听范唱）

师：对了，我们要在音乐菜园种玉米。（板书课题）

师：玉米种子想快点发芽，需要小朋友帮它松一松土。谁会做？（学生表演）

师：除了用锄头松土，你还能用镰刀割草吗？（学生表演）

问：小朋友松土和割草时的心情是怎样的？

生：快乐的。

师：请你保持这种好心情，边听音乐边劳动，看谁的种子最先发芽。（学生和范唱律动表演）

师：看，你们的劳动成果——种子发芽了，想让它长快点吗？

生：想。

师：我们用松土接力赛来帮助它们。听清比赛规则，我的手指着哪边就由哪个大组松土，提前或落后都没有效果，听懂了吗？先来预赛，扛起锄头，做好准备。

教师指挥，学生和范唱律动。

师：小朋友的动作要能整齐地开始和结束，明白的小朋友请准备，看谁的劳动效果最好。

教师指挥，学生和范唱律动。

师：松了土，该给玉米施肥了。据科学家发现，音乐能帮助庄稼生长得更快更好。让我们先来熟悉一下玉米的音乐肥料吧。翻到30页，请张嘴默唱，你唱得越有表情，玉米吸收的营养就会越多。（学生看谱张嘴默唱）

师：其他组的小朋友也有表情，要是能一直保持就更好了。这次如果你又有表情，歌声又轻又高，那玉米也会长得高高的。

师：来，身体坐直，抬起眉毛，面带微笑，好的，保持这个状态，轻声跟唱。

学生跟范唱轻声唱词。

问：刚才唱了一遍，有不认识的字吗？你有没有发现哪一句比较难唱？

师：解决了难题，高兴吗？

生：高兴。

师：带着这种心情，连起来唱一唱。

学生随钢琴演唱。

本课例的特点是融歌唱学习于劳动场景之中，融歌唱技术的训练于情感表达之中。

课堂乐器应容易学容易演奏，便于集体教学使用；吹奏乐器必须符合卫生标准，发音纯正；可因地制宜，选择学习本地区、本民族适宜中小学课堂教学的乐器；鼓励和引导学生自制乐器。

案例与评析：神奇小乐队。

教师：通过第一单元的学习，我们熟悉了大自然中的许多声音，它们是一种神奇的交响曲，今天这节音乐活动课，就让我们一起来欣赏神奇小乐队的演奏吧。（出示课题）

主持人：同学们，在我们的生活中，有许多美妙的声音，只不过我们整日忙于学习，常没有在意他们，今天，我们班的小乐队就用生活中的废弃物品自制乐器，来演奏歌曲。好，下面请金星小乐队，上场！

展示：①介绍乐器名称、制作材料及方法；②小组展示；③互评；④颁奖。

综合性艺术表演：综合性艺术表演在整个小学阶段的目标是：能够参与综合性艺术表演活动；能够配合歌曲、乐曲用身体做动作；能够在律动、集体舞、音乐游戏、歌唱表演等活动中与他人合作；能够主动地参与综合性艺术表演活动，并从中享有乐趣；在有情节的音乐表演活动中担当一个角色；能够对自己、他人的表演进行简单的评论。

案例与分析：卖报歌。

学生观看影像资料《三毛从军记》片段，看过以后，交流自身感受。（以河北民歌《小白菜》作为背景音乐，贯穿始终，营造出一种凄苦的音乐氛围，学生入情入境，渐渐进入了角色，有了情绪的激发，就奠定了人物塑造的情感基石。）

进行歌曲分析，总结归纳出：虽然旧社会的小报童生活在水深火热中，但他们的内心憧憬着未来的幸福生活，犹如卖火柴的小女孩向往光明。在困境中，他们始终保持着乐观昂扬的心态。因此，报童生活虽苦，但表现他们的音乐却是欢快的。

进行简单的小报童的体态模仿。教师直接给孩子们创设了一个具体的场景：寒冷的冬季，报童衣衫褴褛，在寒风中瑟瑟发抖，但他不能回家，只能在街上兜售报纸，因为，家里还等着他用卖报的钱买吃的。好不容易卖完了报，看着手中的铜板儿，报童们非常高兴，想着一天的生活有了着落,他们仿佛看到了希望,雀跃着朝家奔去。请孩子们根据此场景进行思考、表演,并且提出关于表情的具体要求:在过程中,要表现出困苦、期盼、失望、兴奋这样几种情绪变化。要求小了、细了,孩子们就很容易把握了。

本设计细致考虑到学生已有生活经验的基础,是对要学生在课堂上生成的新经验进行精心预设、充分铺垫后产生的,教师在这一过程中,选择了有针对性的视听形象个案,充分利用音乐的渲染功能,有效地调配和整合了教学资源,所有活动都建立在学生的体验、感受之上。因此,效果明显、水到渠成。

怎样认识识谱教学?张统星先生在其《音乐科教学研究》中表述:"乐谱只是音乐表现的工具,乐谱本身并不是音乐,不能表现出音乐的美。""过去音乐教学法强调认谱的重要性,认为不会认谱就无法学习音乐。因此,特别花了很多时间在训练儿童读谱,结果使音符远离了唱歌与演奏,以致提不起儿童的兴趣。""乐谱是音乐的文字,这句话是对的。但是如果说不会认谱的人就无法学习音乐,这句话就不能成立。"他认为认谱与学习音乐不是有绝对密切联系的。

识谱教学方法:节拍入手法、动作游戏法、听辨乐句法、听辨节奏法等。其目的是先易后难,从节奏入手,再加入音高。教师还可以创造出更多的教学方法。

儿童识谱教学的程序:不看谱唱谱—唱谱看谱—看谱唱谱。或者先学唱歌谱—逐步边唱谱边看谱—看谱唱谱。一言以蔽之:先唱谱,后看谱。

为了牢固地建立唱名音高感,建议多唱歌谱,小学一、二年级:要求学生背唱每首歌曲的歌谱;小学三年级以上,尽量多让学生唱歌谱,直至牢固建立唱名音高感。

在表现教学领域中,演唱、演奏、综合性艺术表演、识读乐谱不是"独立"的教学内容,教师应巧妙构建它们之间的内在联系,使之有机地结合起来;

并积极创设和谐、宽松的学习氛围，以鼓励的态度，让每个学生都拥有展示自我的机会，让每一位学生都乐于表现，享受表现，在表现中学习和发展音乐知识技能，发挥音乐潜能，提高音乐审美能力。

（3）音乐创造教学策略与方法

同一个练习，可能有多种答案；同一首歌曲，可能有多种处理方法；同一首乐曲，可能有多种理解。应重视音乐实践中的创造过程，培养和鼓励学生的创造精神。

（4）音乐与相关文化

戏剧艺术是一种综合性艺术，在内容上，它把对客观现实的再现与主体情思的表现有机融为一体；在形式上，它把绘画、雕塑、舞蹈、建筑、文学、音乐等等各种艺术的造型手段、音响手段、组接手段、抒情手段、综合手段等结合起来，形成一个由编剧、导演、演员、作曲家、美术家集体创造的戏剧艺术体系。影视艺术实际上是综合文学、音乐、美术、舞蹈、戏剧等艺术的长处和优点，而又避免和弥补许多艺术的短处和不足的基础上产生的视听并用、视听结合的综合艺术。

（二）美术课堂教学设计

1.小学美术课堂教学设计与生成的思想架构

（1）基于核心素养育人理念，落实立德树人根本任务

当我们面临未来的未知世界时，作为教育者我们不能够帮助学生去解决未来社会要面临的问题和困难，但是我们可以通过教育让学生形成学会解决问题的能力，即使面临复杂的问题情景也会做出富有创造性的判断和决策能力，从而面对未来世界的挑战。

（2）强化美术学科核心素养的育人功能

回顾美术教育的历史，我国的美术课程的最初开设，开始于鸦片战争之后，开课的初衷是为了绘制地图或工程图，美术课实际上就是"几何作图"

课，其功能主要是用来培养专业技术人员的基础绘画能力，也因此美术课最初被称为绘画课、画画课。民国时期，美术课开始逐步强调美术的审美作用，在解放后，美术教育强调为政治服务；20 世纪 80 年代，美术课开始真正转变为培养审美的美术教育。现代教育中美术教育逐渐由边缘学科进入到主流学科行列，越来越多的教育工作者意识到了美育对个人终身发展的重要性，美术核心素养的落地与生根使得美育的独特育人功能显得尤为突出。

美术学科的学科本位是视觉形象，传统教育对美术的理解可把"美术"二字拆分理解为"美"与"术"。"美"是视觉艺术在各种不同的表现形式中，人们从视觉感官中体验到的愉悦性与审美性；"术"强调的是基于对于"美"的创造所采用的知识与技能操作方法。而现在，美术学科根据学科特点和独特的育人功能，提炼出了五大美术学科核心素养。以视觉形象为核心，通过美术学科的唯一性：图像识读和美术表现与其他学科相互联系作用的创意实践、审美判断、文化理解共同构成了美术学科核心素养。他们之间互为联系，层层递进，这就使一直以来崇尚的美术知识与技能的传统美术育人思想开始慢慢向培养学生核心素养能力上靠拢。

许多教师都有过这样的疑惑："影响教育教学质量最重要的是什么？"答案并不是教师高超的教学能力与独到的教学方法，而是教师的教学思想。不同教师对于教学的本质内涵和教育整体思考并不相同，这就导致了不同思想追求的教育质量的不同。教师思想的形成需要借用别人的经验和思想形成自己的教育教学思想，才可能提升自己的教育教学能力和改进自己的教育教学方式。著名教育家冷冉就曾经说过："为学生的终身发展负责。"会学习的教师才能够教出会学习的学生。在核心素养理念指导下，教育不仅培养的是全面发展的学生，同时也在培养全面发展的专业教师。

2.教学思想对课堂教学生成的影响

（1）综合性教与学方法的理论探讨

教育学者宋庆泮先生曾经说过："学问，学问，首先要学会提问。"在问题导学教学法中，教师是知识与技能的引导者，学生是问题的探究者，问题导学是把学生被动学习转化为主动获取的过程。学生的有效提问可以增强自我的思维含量，在问题和思考中进行知识与技能，过程与方法的博弈。学生如果没有提问问题的习惯和能力就没有创新和思考的能力。心理学领域中著名的"约哈里之窗"就告诉我们对于认知的理解，知识自己不会并不可怕，可怕的是处于自我认知的盲区中——自己不知道自己不会。所以在教学中，让学生学会提问，就是突破自我认知局限，通过提问是培养学生良好学习习惯和能力的最有效途径。

（2）问题导学教学法在小学美术课堂教学的应用

美术课中的问题导学法就是将美术课程与美术教材中的知识点，以问题的形式体现在整个教学设计与教学环节中，让学生带着问题进行课程学习探索，提高求知欲与学习兴趣。教师通过提问，创设问题情境，进而培养学生发现问题、解决问题的能力。

《飞天》这节美术欣赏课，以问题导学的教学方法进行的教育教学实践，这样以问题导学，以问题定教的教学模式，打破了传统美术欣赏课中教师主讲，学生不思考不参与的被动听课模式，在实验班中，让学生进行积极的问题导学教学方法，学生开始学会提问，学会动脑思考，学习积极性与学习效果明显高于非实验班级。带着问题学习与只听教师讲述，这两种学习效果是本质的不同。让学生掌握知识、发展能力是基础，让学生学会方法，对课程抱有积极热情的态度是学习的关键，最重要的是通过问题导学让学生学会学习是美术课堂教学的终极目标。在美术课程中实施的问题导学法还应注意学生身心发展的不均衡性，教师的提问应当进行合理分层提问，既要给思维活跃度高的学生发言的机会，也要注意留给普通学生提问和发言的机会。同时美术课程中更要注意避免答案的唯一性，多元化的思维和开放式的答案可以给学生更好的思维角度和想象空间。

（3）教学评一致性观点在教学设计与生成中的实践探索

教学评一致性的重点环节体现在课程设计的结尾环节，评价的导向要与教学目标和学生学习目标相适应，多元化开放性思维在美术课程中是值得鼓励和肯定的，但是如果背离了教学目标的教学评价就呈现不出美术学科的育人价值。

以小学四年级下册美术课《艳丽的大公鸡》为例，这节课是在以往色彩学习基础上的一次综合色彩实践课，教学目标是让学生学会利用丰富的色彩来绘画出一只艳丽的大公鸡。实验班级有一个小男生画出了一只香喷喷的烤鸡。他说："老师，快到中午了，我饿了，所以艳丽的大公鸡就变成了香喷喷的烤鸡。"对于这个孩子的这件作品，虽然充满着调皮可爱的幽默感，但是不能评价他的作品为合格，因为他的作品并不符合本节课的教学目标要求，没有完成本节美术课程要完成的学习任务。

教学评一致性是美术核心素养理念下的一个重要教学方法，通过教学评一致性可以很好地规范教育教学过程中评价不明确的部分，也是未来美术课堂教学中需要研究和探索的重要课题。

五、进行课程评价

（一）小学艺术教学评价的含义与功能

所谓课程评价，就是根据一定的方法、途径对课程的计划、活动、结果等方面的价值和特点作出判断的过程。评价是小学艺术课程教学实施的重要环节，新课程标准在艺术课程的评价中体现了新的理念，在评价标准、评价方式、评价工具以及评价主体上都有新的突破，由过去对学科知识掌握的评价，转向促进人的发展的评价，这是历史性的重大转变。广义的教学评价是以艺术教学的全部领域为对象，它涉及艺术教学的一切方面。狭义的教学评价是以学生为评价对象，专指在学生艺术学习领域中对学生艺术能力和素质的发展、审美能力和艺术情操的形成给以价值上的判断。由于篇幅原因，本章着重谈谈对学生的评价。

不论是音乐学科还是美术学科，都有很强的技能性。因此，传统的艺术教学评价注重学科体系，从掌握专业基础知识、专业基本技能的角度出发，基本采用以成绩考核为主，以技能水平高低为评价标准的、简单的、单向的评价模式，强调评价的甄别与选拔功能，忽略了对学生审美能力、创新精神及个性发展的评价。忽略了个体差异和个性化发展的价值。过于关注结果，忽略被评价者的各个时期的进步状况和努力程度，没有形成真正意义上的形成性评价，不能很好地发挥评价促进发展的功能。

在新课程理念下的艺术课程的评价，不只是检查学生的艺术学习水平，更重要的是通过评价来激发学生对艺术产生更大的兴趣，主动地去学习、去感受和体验艺术的美，提高艺术修养，最终目的是通过科学正确的评价，促使学生的艺术素质得到全面的发展，实现学生的自身价值。

（二）小学艺术教学评价的类型与方法

传统的艺术教育往往重视教师对学生的评价，学生几乎没有参与对自己和其他同学艺术活动和成果的评价，这样丧失了学生在学习过程中的主体地位，评价像高高的神台，让学生感到神秘。新的艺术课程教学评价倡导的评价主体多元化，是否真正能落实到教学实践中？具有可操作性吗？

1. 小学音乐教学评价的类型与方法

（1）过程性评价与结果性评价结合

教学评价类型繁多，在不同的教学情况下采取不同的评价方式，对教育教学活动的促进更大。我们在对学生的学习成绩进行评价时，既要看最后的成绩，更要关注其学习的过程，看其是否真正主动参与到了音乐活动之中，并表现出一定的音乐创造性。而在评价方式上，则应把平时考察与期终考查有机结合，可采用观察、谈话、提问、讨论、抽唱（奏）等方式进行。

（2）定性述评与定测评相结合

定性与定量相结合，能使评价更科学、真实和准确，也比较便于操作。评价要注重学生学习兴趣、情感反应、参与态度、交流合作、知识与技能的掌握情况，也要注意重视学生音乐心理素质的评价，在对学生进行音乐能力测验或音乐水平测量的同时，激发学生的主动性和自信心。评语应该多使用赞赏性、激励性用语，尽可能地避免使用武断和使人丧失信心的语言。

（3）自评、互评、他评相结合

在具体的评价过程中，应该以《音乐课程标准》为依据，建立音乐学绩标准化测验，并采取灵活多样的形式和切合教学实际的情况有针对性地综合、选择。在小学音乐课中，许多老师很注重对学生学习情况的评价，并及时给予认可或纠正，但往往会忽略对学生评价能力的培养。在音乐课堂教学中，为学生创设良好的互评氛围，能促进同学互相交流与探究，充分体现课堂教学的民主性，培养其音乐学习的参与意识，最终发挥学生的主体作用。

小学生特别是高年级学生，有自己一定的见解，尤其是经过几年的音乐学习后，有了一些音乐学习方面的基础，因此他们在课堂上有很强的自主意识，特别注重自己的艺术才能展示和在同学中的位置。因此，教师不必单方过多的点评，这样既不容易在学生心中留下深刻的印象，还会造成对学生学习评价的片面性和单一性。教师可以在实际教学中增加同学之间相互评价的活动，并教给他们科学、合理、操作性较强的评价方法，使其在小组成员之间、小组与小组之间进行广泛的评议与交流，让他们在"充分民主"的课堂上各抒己见，相互取长补短，并且在学习研究中体验并掌握重点，在发现难点后共同克服难点。

教师在音乐教学中真正达到了事半功倍的效果。当然小学音乐教学还有欣赏、器乐等方面的内容,我们可以设计与其相应的"小纸片"评价方式。

在小学音乐课堂教学中,对学生学习进行及时而公正的评价,是提高课堂教学效率和增强教学连贯性的需要。而"评价"应来自老师和同学两个方面。学生经过老师一段时间的评价方法指导,在课堂教学中围绕学习的重点和难点,通过学习小组的形式进行相互评议,促进了小组成员的音乐学习水平的共同提高,同时还培养了学生辨别、分析事物的能力和在学习中互助协作的精神。在让同学互评的实际操作过程中,教师还应注意以下几个方面:①要做好对学生进行评价目的的灌输和评价方法上的指导。避免出现同学间的"相互排斥"的现象,只找缺点,不说优点;也不能出现同学间"相互抬举"的现象,大家都说好。②安排好学生评价的时机和时间,逐步提高学生评价能力和课堂评价效果。③对学生的总评结果应及时给予认可或纠正,对优异的学生给予肯定,对评价反差较大的学生委婉地提出合理的补充建议。

总之,建立综合评价机制对学生音乐学习的评价检测是整个教学过程的有机组成部分。是教师全面了解教学效果、及时调整教学目标、改进教学方法、保证完成教学任务的重要依据。我们不仅关注学生的音乐学业成绩,而且要发现和发展学生多方面音乐学习的潜能,了解学生发展中的要求,帮助学生认识自我,建立自信,促进学生在原有水平上的发展。

2. 小学美术教学评价的类型与方法

（1）多元化评价方法

案例与评析:在一次美术课堂上,张老师正在讲线描写生。发现王杰同学一直在埋头折纸,于是很生气地走到王杰面前,没收了他的折纸。正想批评他,突然发现王杰的折纸很精美,于是转念一想,何不因势利导,支持学生自评和他评、主动性和积极性,于是对全班学生说:"王杰的折纸很美,请他教我们好不好。"随着张老师的赞扬声,同学们也投来了赞赏的目光。张老师对于不认真听讲的学生没有盲目批评，而是及时发现了学生的优点，顺势引导，较好地保护了学生的学习积极性，同学们的评价（赞赏的目光）给王杰增添了自信心。王杰同学感到很惊奇，因为以前上课不认真听讲准会被老师狠狠地批评，挨批评对于王杰来说已是家常便饭，今天可不一样，还能当小老师教大家，使王杰感到信心倍增，不由产生了自豪感，于是非常认真地一步一步地教同学们折纸。课后张老师总结说："谢谢王杰同学今天教我们美丽的折纸，使我们更加心灵手巧。但是要折出更多更精美的纸花还要有敏锐的观察能力和概括能力，我们的线描写生课就能很好地培养同学们的观察能力和概括能力，我相信下节写生课同学们能画得更好。"张老师在上课过程中临时改变了教学计划，他不以完成教学任务作为教学的唯一目的，而是站在保护学生的立场上给学生以积极的评价，同时给学生提出了全面发展的要求。激发了学生整体的鉴赏能力、评价水平和创作热情。

（2）学生的自我评价方法

自评即自己对自己进行的评价。自我评价是带有浓厚情感体验的自我认识活动，它使学生成为评价和被评价的主体。在把学生当作"知识的容器"的过去，几乎没有时间让学生进行自我评价，更忽视了在学习活动中通过自我分析、自我反思、自我评价、自我决策而形成的自我评价能力，以及自我评价能力对自我发展的促进作用。自我评价，可用语言描述、问卷调查和建立学习档案的方式。通过自我评价可锻炼学生的语言表达能力、养成良好的有条理的行为习惯和锲而不舍的精神。在建立美术学习档案过程中，通过收集美术学习全过程的重要资料（研习记录、构想草图、设计方案、美术作业、相关美术信息、评价结果等），可提高美术学习的主动性，有效地提高学习的质量。通过美术学习档案，可了解学习情况和发展中的需求，及时给予针对性的指导，使每个人在各自的个性特色中求发展。

（3）学生与学生"互评"的方法

"互评"即学生之间相互评价。

美术作品是借物质材料来表达作者的情感、心声的，由于处在同一年龄阶段的学生的生理和心理特点比较一致，因此，学生与学生之间更了解彼此的兴趣、爱好，更易沟通情感，更能读懂其美术作品的内涵。学生与学生间的相互评价可用语言直接表达，也可用互写评语的方式。

让学生与学生间相互评价，用学生的眼光欣赏学生的作品，这种作用是美术老师替代不了的。它有利于培养学生互相关心、相互尊重、相互理解并虚心向别人学习的优良品质。

3.小学艺术教学评价的类型与方法

艺术课程的评价主要有教师的评价、学生自评、学生互评、家长、社会参与评价等形式。具体评价方式如下。

（1）随堂评价

作业分析法：教师对学生的艺术活动产品不是简单地记个等级或分数，而是从尊重、爱护、平等的原则出发，对学生实施积极的、适度的鼓励性评价，维护和强化学生的学习内驱力。如用欣赏性的话语指出作品的优点，用鼓励性的语言提出作业中的不足，客观公正，热情诚恳，使学生体验到评价的严肃性，帮助学生促进提高。如在《校园里的发现》一课中一个孩子画校园的葡萄藤，老师在作业旁写了这样一句话："你的葡萄让我酸得直流口水！"

观察法：随时观察并记录学生的知识技能掌握程度，创造性发挥程度，情感、态度和价值观方面的变化，人际关系方面的变化，解决问题能力方面的变化等。

（2）过程性评价

问卷调查法：通过问卷和交流的方式，随时询问学生对某次活动的意见、建议、收获。还可搜集学生在审美趣味的爱好方面发生的变化。如"小学生选择着装审美的调查",调查题目为选择题和问答题,如"你喜欢什么颜色的校服?"A. 深色;B. 鲜艳的颜色;C. 搭配协调的颜色;D. 浅色。结果是选择"搭配协调的颜色"占 50%。问答题如:"你对校服有什么意见或建议?""你希望父母给你买什么样的服装?"让学生吐露自己心声:颜色的搭配协调、价格合理、耐穿、质量好又舒适的服装,是当代小学生选择服装的标准。

档案夹评价法:艺术活动档案夹评价是一种重视学生艺术学习全过程、重视学生自主评价的形成性评价方式,它旨在帮助学生成为对自己艺术学习经历具有思考和评价能力的人。艺术活动档案夹是一种用来记录学生整个活动过程、成长过程的资料夹,主要收集以下内容:一是学生对活动设计、作品产生过程的说明(表明学生在艺术活动过程的努力程度);二是学生的系列作品(其中收藏学生已经完成的、自认为满意的作品,也收藏设计草图及不成功的作品,表明学生对自己劳动成果的重视程度);三是学生的自我反思(包括学生对自己作品特征的描述、评价,活动过程中的心得、体会等);四是他人的评价(包括教师、同学、家长、社会等的评价)。建立档案夹是一种学生自我收集、自我记录、自我成长的活动,应该在教师指导下,由学生自己来建立,从而培养学生的自我反思能力和对自己的学习负责任的意识。

(3)终结性评价

成果展示法:成果展示法是艺术课程评价最为重要的方法之一,可以评估学生对所给的任务的努力情况和完成情况,这些任务包括艺术创作、调查与研究活动、对随时出现的某一流行艺术潮流的评论等。成果展示的内容有艺术作品、调查报告、设计图片或各种奖杯、证书等,还可以通过竞争、现场表演、布置场景最等动态形式,展出活动成果,用活动本身说明成果价值。如"陶艺作品义卖会"模拟活动，学生就将自己在陶艺大教室做的作品在模拟的商场或人多的地方进行义卖。学生先介绍自己的作品设计思路、作品特色，再由学生担任主拍向大家义卖等。这种方法可以锻炼学生的社会适应能力。

评价报告单：作为一个单元活动或一个学期活动结束时，教师和学生对阶段性学习情况的总结性描述，它是一个重过程性的终结性评价，具有浓厚的对话性和过程色彩，使评价能更好地促进学生的发展。

游戏性测评法：艺术学习本身就具有游戏色彩，在期末测评过程中要打破单纯地以"一幅画"或"一首歌"的形式给学生一个终结性的评价结果，改变单调、紧张的测评形式和气氛，使学生在轻松、愉悦的游戏活动中既展示自己的艺术能力又体验到艺术学习的兴趣。如在艺术教室布置几个角，如"摘苹果""开车""芝麻开门""动物王国""钓鱼岛"等，根据不同的场景和不同的游戏方法，让学生展示自己的综合艺术能力。

（三）小学生的艺术学习评价

艺术课程的评价主要侧重于对学生艺术学习质量的评价，是对学生学习目标的实现程度和学习结果的评价。在艺术学习的评价中，不仅关注学生对艺术知识和艺术能力的掌握以及学生的想象力和创造力的发展，还要关注学生的行为习惯、学习态度、道德品质以及个性差异等因素，同时更要培养学生学会对自己和他人的学习过程及其成果进行分析和评价，发展自我教育的能力。

第三章 青海省本土美术资源融入中小学美术课程及实践

　　新课程改革明确提出，各地各校可以根据实际情况编写适合当地学生需求的美术校本教材，不能放弃周围生动鲜活的本土艺术资源，让美术教学工作回归生活、回归自然，用地方资源优化当前美术教育，增强学生的文化认同与文化自信。《普通高中美术课程标准》也规定：高中美术课程要充分利用和开发校内外美术课程资源，增加课程的多样化，鼓励学生多样发展的需求，并引导学生深入了解我国优秀的传统文化，积极发挥美术学科特点与学科文化、中华传统文化的育人特点，对学生的思维认识、思维方式、价值取向进行塑造，在提升学生审美能力的同时，精神境界、思想品德也得以升华，充分突出艺术教育的美育和德育两大功能。

　　近年来，本土美术资源在全国各中小学美术教学中的应用逐渐展开，各省、市也在积极探索新路子、新方法，随之也产生了一批以"一校一品，一校多品"美育特色示范课程和示范校，这些本土美术资源包括了原始美术、风土民情、礼俗风尚、宗教美术等。地处青藏高原的青海省就有着丰富的自然资源与艺术资源，广袤的高原、美丽的三江之源、富庶的河湟谷地、精神高地柴达木，展现出一幅幅撼人心魄的大美画卷。各族人民在长期发展中孕育了绚烂夺目的民族文化和奇异神秘的民间美术。据统计，青海省现有非遗名录2361项，国家级非遗项目88项，其中11项是传统美术，具有极强的教育意义和传承价值。这些美术资源对于培养学生审美感知，提升文化自信和民族自豪感具有重要意义。因此本章将以青海省的美术教学为案例，展开进一步阐述。

第一节　青海省本土美术资源应用于中小学美术课程的开发

一、应用现状

1. 教师对本土美术资源的挖掘及应用程度不高

据了解，现目前的美术教学中对本土文化艺术资源的挖掘和利用普遍较低，在西宁市组织的一些教学比赛及公开课展示中，虽有个别教师在教学过程中涉及到了本土美术资源的应用，但对资源的利用及挖掘缺少深度和广度，没有形成合力。

2. 在国家课程中对地方美术资源的应用不能有效融合

教师在日常教学中虽也有涉及了本土美术资源，但只停留在表面，在整合美术课程目标，选择与重构美术课程资源，选用灵活多样的美术教学设计等方面缺少研究，与国家课程不能有效融合，使之缺乏教学的实际效果。教师在面对丰富的本土美术资源时，将其转化为一门面向学生课程的研发能力还有待加强。

3. 在学校美育特色校本课程开发中缺少科学的课程体系

在西宁市部分中小学美育特色课程开发中，对本土美术资源的应用盲目求新求异，忽略了课程体系的构建，导致部分学校在美育特色发展中虽已形成了自己的特色品牌，但在实际教学中课程的纵向和横向的延展及课程的受众面存在了诸多问题。

4. 地方美育场馆在中小学美术教学中应用较低

地方美育场馆，如博物馆、图书馆、美术馆、文化馆、民俗馆、非遗文化村等场馆汇集了本土丰富的文化艺术资源，而恰巧这些又是学校美育教学的丰厚资源，对于学生在艺术学习过程中了解民族文化的变迁、触摸中华传统文化脉络、汲取中华传统文化艺术精髓具有一定的实际意义。在实践过程中，充分挖掘地方美育场馆的社会服务功能与学校育人目标充分融合等方面缺少有效抓手。

5. 外来文化的冲击

这些年随着社会的发展，中小学在艺术教育领域受到了不同程度外来文化的冲击。相反，传统文化的发展受阻，本土文化在青少年中的传承也受到了极大的制约，部分教师在教学工作中也就投其所好，在课堂中大量的给学生介绍和赏析外来作品，使我们的青少年缺乏了对中华传统文化的认识，缺乏对本土化的认同[①]。

二、地方资源的开发模式

要有效开发和利用地方美术资源，就必须设置合理的课程开发模式，进行地方美术资源开发。

课程开发模式主要有三种模式：①目标模式，课程开发的经典模式，是以泰勒原理提出的课程开发的四个问题：是学习应该达到哪些教育目标；二是学校应该提供哪些教育经验才能达到这些目的；三是这些经验如何才能有效地加以组织；四是如何确定这些目标正在得到实现。②过程模式，课程开发是一个将研究、编制和评价合而为一的连续不断的过程，这个过程集中在课堂实践中，教师是整个课程开发过程的核心。③实践模式，课程开发应聚焦于具体教育情境和课程实践中的实际需要、问题和可能性，而不是课程开发的原理和程序。这三种课程开发模式为地方美术资源课程开发提供了方向。

通过对青海地方美术资源的合理筛选，以及对青海地方美术资源的调查分析，我们认为在进行该地区美术课程的开发中，要将以上三种开发模

---

① 西宁市教科院提供相关资料。

式相结合，取长补短。首先是以目标为导向进行调查分析和筛选主题，其次是以过程模式为导向确定目标、确定实施内容，最后是以实践模式为导向，按照内容进行实践。

三、青海地方资源的开发意义

我国现阶段的教育主要以素质教育为主，而青海是一个多民族地区，其历史文化璀璨精深，要想让更多的人了解青海、宣传青海当然就离不开我们自身对本土文化的传承。学校承担着育人的重担，同时更是文化传承的重要平台，美术教学中本土美术资源的开发是促进本土文化传承与发展的重要途径，同时也是促进学生全面发展，拓展思维的重要手段。

将中小学美术教育与青海地方美术资源相融合，进行地方课程的开发，实施教学可以让学生通过美术课的学习，感受地方文化的瑰丽与绚烂，更深入了解青海，引发学生们内心的自豪感和认同感，唤起他们对家乡、对祖国的热爱。

第二节　青海省本土美术资源在中小学美术课程中的实践

我们要利用地方美术课程资源开发途径的灵活多样和实施方式的多元化，进行地方美术课程资源的开发，然后在美术教学中实施和验证。为了让我们更好地了解地方美术课程资源的开发，我们将以课程资源组织实施方式的角度，以活动课程、学科课程、综合课程的模式进行实践研究。

青海省西宁市的沈那小学立于城北区小桥村北沈那遗址，沈那边址为约 3500 年前的古羌人聚集村落，是远古人类从新石器时代向青铜时代过渡的一种文化遗存。该遗址以齐家文化居住遗存为主，还有少量的马家窑文化、半山文化和卡约文化，是我国迄今发现面积较大，文化层堆积较厚，文化内涵相当丰富，保存现状较好的多种文化并存点之一。

学校"河湟小筑"艺术工作坊就是结合美术组"把青海地方美术带入小学美术课堂"教研主题成立的。艺术工作坊前期主要以轻黏土表现土族刺绣，制作各种轻黏土雕塑作品，主要表现青海的地方文化。其中有图案精美，蕴含着美好祝福的土族鞋垫，有各种生动形象图案的绣片，轻黏土色彩丰富，可塑性强，可以表现出土族刺绣独特的美，学生通过艺术工作坊实践活动，提高了轻黏土制作技巧，更好地了解家乡文化，加强民族美术文化传承，培养民族自豪感和热爱家乡的感情。[①]

教师们以"河湟文化"为主题进行课程设计，共设计了二十个教学案例。具体内容为：第一单元《彩陶文化》；第二单元《版画岩画》；第三单元《民间剪纸》；第四单元《青海农民画》；第五单元《河湟文化纪念品——明信片设计》，这五个单元课程中，以不同的角度解读本土美术资源在中小学美术课程教学中进行的应用和探索。让学生积极参加美术教学活动，激发学生的美术创意，让学生学习和了解美术的语言、美术的表达方式以及美术的表达方法，多角度感受美术的魅力。在教学过程中运用各种教学工具、利用信息化教学和创作，进行多样化教学，创造良好的教学环境和学习环境，让学生更好地融入美术学习中。同时在教学过程中引导学生学习欣赏和品评美术作品，提高他们的审美能力，感受美术带给他们的独特魅力。因此，在进行美术课程教学目标设计时，要从以下四个方面进行教学目标设定："造型·表现""设计·应用""欣赏·评述""综合·探索"，同时，融入本土美术资源，再结合数学、历史、美学等相关知识结构打造一个具有多元因素构成的综合课堂。[②]

---

① 西宁市城北区教育局提供相关资料。

② 徐江红：浅谈本土文化资源在小学美术课堂胡应用〔J〕·美术教育研究，2018（14）：136-137.

第三节　青海省本土美术资源融入中小学美术课程及实践

一、了解河湟文化，认识美丽家园

（一）涉猎河湟谷地

俗话说："知己知彼，百战不殆"，要想更好地进行本土美术资源开发，从就必须要详细了解本土美术资源，了解河湟文化的由来与深渊、河湟文化和青海民间美术的特点、河湟文化和青海民间美术的文化价值，引导学生主动搜集资料，激发学生的民族自豪感。从美术角度能够深入了解河湟文化的内涵。因此，教师要带领学生"身临其境"，自己亲自去观察和了解，来一次河湟谷地的文化采风之旅，只有对河湟谷底文化有了自己的直观感受和深切体验，才会领略其文化的魅力，才会为后面学习打好基础，才能更好地融入教学中。

出于方便和安全考虑，本次采风活动均安排在周末举行，并采取学生自愿参与，家长陪同的形式进行，教师则承担领队和讲解工作。为了本次活动的顺利进行，在活动开始之前，老师建立"漫步河湟之旅"的微信群。教师首先明确本次活动的目的和宗旨：了解和参观河湟谷地部分区域的历史人文风貌以及建筑风格特色等，从美术审美的角度观察和审视该区域，并做好记录，积累美术创作素材。同时，鼓励大家仔细观察和自己生活的环境有什么区别，有什么特别之处，以及它们之间是否存在某种相似之处和联系，还可以进一步思考当时的历史遗存为什么要采用这种风格，这种风格有什么好处，哪些地方让你印象深刻，等等。鼓励学生自主地从多角度去观察和了解河湟的文化，激发学生的兴趣和探索心理。

明确了目标和宗旨后，还要明确活动的时间和地点。为了方便大家出行，学校统一安排车辆。在活动过程中，教师详细给学生介绍河湟文化，其历史可以追溯至先秦乃至远古时期。

教师还要带领学生参观河湟文化著名的景点：喇家遗址、柳湾彩陶博物馆、塔尔寺、夏群寺，并讲解为什么互助被称为彩虹的故乡、为什么湟源丹噶尔古城是茶马古道的要塞等著名的历史遗址和民俗文化，让学生更好地了解河湟文化底蕴和特色建筑，亲身感受其特有的魅力。同时，教师要鼓励学生利用课余时间自己多游历、多观赏，还可以利用网络工具，从不同的渠道去了解学习河湟文化。家长也要融入其中，和孩子一起去学习和了解，为他们创造一个良好的学习氛围，让他们能自发、自主地去了解河湟文化，一方面可以增加学生自己的阅历和眼界，一方面可以为将来的学习打下良好的基础。

(二) 古城印象

表达也是学习中重要的一个步骤。前面让学生自己进行了了解和学习后，下面就要让学生把自己对河湟谷地中的丹噶尔古城的印象表达出来，说出自己对丹噶尔古城的理解，可以是喜欢的建筑、喜欢的文化、喜欢的传统活动等等。只在鼓励学生勇于表达自己的感受，不论是自己亲身感受到的，还是从网络上了解到的，亦是从长辈那里听说的，都可以表达出来。教师要激发学生的思维和想象力，为后面的美术创作积累素材，提供灵感。

在美术课程上，教师可以进行以下教学活动。

教师："各位同学，上次我们组织了一次丹噶尔古城的游览，相信大家对古城有了一个深刻的印象，下面就请各位同学踊跃发言，表达出你们对古城的印象，也可是你们自己在平时的生活和网络媒体中了解到的，大家可以畅所欲言。"此时，同学们纷纷举手。

A 同学："老师，我觉得湟源是一个历史底蕴深厚的城市，因为从我看到的那些精美的建筑就可以感受到浓浓的历史气息。"

B 同学："老师，我觉得丹噶尔是一个艺术之城，因为这里有湟源排灯、湟源社火、皮绣等艺术精品。

C 同学："老师，我觉得古城很雄伟，棱角分明，有点像北京。

教师补充道："不错，丹噶尔古城意为'白海螺'地处黄河水岸，西海之滨，湟水源头，距西宁 40 公里。始建于明洪武年间，自西汉以来，这里便逐渐成为商业、军事、民俗等多元文化交融的小镇，素有"海藏咽喉""茶马古道""小北京"之美称。

堂课上，同学们争先恐后畅所欲言，表达了自己对古城的印象，因为是进行过实地探访，自己亲身感受的，所以，同学们在表达的时候都很具体，也拥有真情实感，表达出了对丹噶尔古城文化浓浓的兴趣，同学们的思维也得到了一定的激发，都感受颇丰。

(三) 画中的河湟谷地

有了调研和考察，下面就要进行实践。实践就是要教学生们用美术知识，结合学生自己对河湟谷地的印象，画出来学生自己对河湟文化中印象最深刻的地方，然后引导他们一步一步将自己心目中的本土艺术文化形象描绘出来。

在进行初期教学的时候，教师由简到难、由浅到深、循序渐进地进行教导。可以从单个局部开始，然后过渡到部分整体之中，在这个过程中教导学生了解和学习基本的绘画技巧和表达方式。

在教学过程中，教师可借助于 PPT，播放事先准备好的图片，帮助学生们从美术的角度了解河湟文化中本土艺术的精髓，包括建筑、唐卡、刺绣、彩陶、版画、皮绣、木雕、酥油花等。例如让学生们初步了解古建筑绘画构图观察的基本方法，包括：视点平视、仰视、俯视。教学生构图的基础，然后在构图的基础上，应用轻点近大远小的透视原理，进行画图示范，帮助学生更好的理解构图。然后进行增加线描的表现手法 (点、线、面等)

进行示范。在此过程中，教师要着重强调古建筑绘画中的重点和难点是去繁取简，要让学生学会用概括的线条描绘建筑，表现建筑外轮廓特征，并进行讲解示范，在讲解清楚之后，再让学生们进行模仿和绘画。整个教学过程完成后，老师开始检查和点评学生的绘画作品。

通过对学生们的绘画作品进行观察，发现经过学习，学生基本上都能根据老师讲解的绘画方法和技巧，将自己印象最深的本土文化大致轮廓描绘出来，且特点鲜明。虽然，在具体的细节和整体构图效果上来看还有很多需要加强的地方，但从作品中可以感受到他们对河湟文化的初步感受，同时还融入了自己对家乡热爱的情感并体现了他们自己的想法和创意。

通过这堂课我们了解到同学们对河湟文化充满了兴趣，在美术教学中融入本土文化可以激发学生们对学习的热情。因此，老师要更加鼓励学生学习和了解本土文化，不仅仅是河湟文化，还有更多具有璀璨历史的中华传统文化。只有更多地了解和学习传统文化，才能发现它们所蕴含的巨大价值，才能发现它们所具有的艺术气息，才能将它们更好的应用在美术学习中，为今后创作提供丰富的素材和资源，同时才能将传承与保护我们本土艺术文化的责任与义务根植于青少年心中。

二、河湟谷地旅游纪念品—明信片设计

（一）认识明信片

本次活动的目的是让学生们从不同的角度去表现河湟谷地，并传承和发扬河湟文化。首先，要让学生们认识和了解明信片及其作用，尝试让学生进行简单的设计，并且在设计中融入河湟本土艺术特色。可以将该地区著名的建筑、独特的风景、特色的历史文化或同学们印象深刻或觉得具有艺术价值的内容在明信片中体现出来。教师还要向同学们介绍明信片的设计融入本土元素，体现文化特色是向外宣传大美青海，传承本土文化的重要途径。在设计过程中也同样体现了大家对河湟文化的了解，对河湟文化的向往。

明信片设计的教学。首先，教师要向同学们展示明信片的设计形式，主要有两种类型：一种是内容横向排列，即它采用的布局方式是横向；另一种是竖向设计风格，采用的是纵向的布局方式。还要介绍明信片的内容组成以及设计要素。但是.同学们在进行设计时候，可以不拘泥于形式，内容形式可以多样，主要是根据同学们自己的创意和设想进行设计。

明信片的设计般分为三个步骤：第一步是选定题材，即明确自己所要表达的内容，明确自己在明信片设计中要融入文化元素。这种元素既可以是河湟谷地的风景名胜，也可以是民风民俗，既可以是用一种元素来表达，也可以用多种元素的组合的方式来呈现。同学们可以充分发挥自己的创意和想象力；第二步是选择合理的布局方式，因为明信片有正反两面，正而是明信片的作用呈现，留有填写文字的区域，还有一部分留作空白及添加线条，帮助人们传达祝福与心意，所以在设计时要合理布局。反面则是背景图，在背景图的设计上要融入本土元素进行设计，在设计的过程中要同样也要注意布局的合理，既不能过于紧凑，太过繁复，也不能太过松散，没有主题，整个设计要主次分明，张弛有度；第三步就是大胆创新，自由创作。在创作过程中不要拘泥于条条框框，敢于突破、大胆创新，要有创意地去表达。

（二）我们来设计

进入设计阶段。教师将同学们分成四人一组，首先，小组内进行讨论，确定设计主体。由于河湟文化涉及的文化元素众多，避免同学们在选材过程中浪费太多的时间，教师可以采用 PPT 的形式，做一个分类展示，展示其具有代表性的建筑、文化传统、风景名胜等，让学生们做一个参考，以便同学们快速的确定主体，进行设计创作。

之前让同学们分小组讨论是为了让同学们在讨论的过程中逐渐明晰设

计主题，相互之间有一个比较、分析，在讨论的过程中教师还可以激发同学们的创新意识。在确定了主题设计元素之后，同学们就开始自主设计，设计的过程需要各位同学独立完成。

经过一段时间之后，陆续有同学已经设计出了明信片。从同学们设计的内容来看，主体明确，也很好地体现了河湟文化元素。其中，部分作品设计风格新颖、创意十足、内容独特、且充满了意趣，让人眼前一亮。也有部分作品则注重描绘了河湟文化元素，还有的是在此基础上融入了现代元素，采用了现代的绘画风格进行了创作。这些作品都在一定程度上反映出同学们从不同的角度、不同的方式中理解的河湟文化，也体现出同学们对河湟文化的了解程度和对绘画技法的学习，同时也体现出本土艺术文化资源融入美术课程教学中的显著效果。

通过本次在明信片设计中融入河湟本土文化的美术创作活动，可以看到同学们对河湟文化有了一个新的认识和了解。在本次教学过程中引导学生们进行自主尝试、主动探究，激发学生们的兴趣，培养了学生创新精神和创造性思维。通过对河湟文化的探索和美术创作过程，让学生们感受到了河湟文化的魅力，体味到美术创作带来的趣味，也学习到了美术创作技巧，为学生们进行深入学习夯实了基础。

三、美术中的民俗

(一) 作业布置与素材准备

在一节课程结束之后，教师要为学生们的学习做好一个巩固，同时也是为下一节美术课程做好准备。在本次课程结束前的十分钟，教师要给同学们布置课后作业。作业内容为：要求同学们利用课余时间和假期时间，了解河湟地区民俗文化，可以是"花儿会"类的活动，也可以是传统手工艺、美食，等等。同学们明确一种，然后查阅相关资料，收集素材，要有一定的了解。教师要向同学们明确收集素材的目的，就是为下一节课做好准备，只有对自己收集的素材有一定的了解，才能更好地进行绘画创作。有了前面的准备，就可以勾起同学们的兴趣，引导同学们自主的进行学习，也为下节课的教学打好了基础。

因为河湟谷地民俗文化丰富多样，历史悠久。考虑到有些同学可能觉得范围太广，可选择性太多，一时摸不着头脑，教师可以给予必要的提示。提示内容主要包括：①"灯会"：丹噶尔作为一座历史古城，其历史可追溯到 600 年前，此地多民族聚集，形成了悠久的历史和丰富的民俗活动。如每年正月十五的湟源"灯会"。这一天形态各异，彩色斑斓、做工精益的大小排灯挂满整个县城，个个都是艺术精品，这也是古城最有特色的民俗活动之一。②民歌：如"花儿"流传于青海、甘肃等地，而"花儿会"是青海十分著名的地方特色活动之一，不仅风格非常独特，而且服装也非常具有特色，可以从服饰方面考虑如何用美术的形式呈现。③传统活动：如地方舞蹈、舞龙、舞狮、抬花轿、踩高跷等等，地方的民俗活动很多，生动活泼，独具地方特色，与现代舞蹈有很大区别。这些都体现出悠久历史和丰富多彩民俗文化，可以从这些方面去收集相关素材，可以采用照片的形式，这样即可以做很好的展示，也便于在课堂中利用。

（二）自由创作

前面关于河湟民俗文化课前已经做了准备，同学们收集了相关素材。在课堂上，老师让同学们展示自己收集到的民俗文化素材。从同学们提交的照片来看，都很好地完成了课前准备，在提交的照片中有传统活动的场景，有各民族演员服饰的图案，有舞龙、舞狮的图片，等等。然后教师让同学们描绘出自己认为最能代表河湟民俗文化的事物，进行自由创作，创作时间是 20 分钟。

（三）作品分析与评价

经过努力，大部分同学都已经完成了创作。下面，教师开始让同学们进行创作展示。在展示之前，教师提出两点要求：是在同学展示作品之后，不进行介绍，而是让其他同学们猜测这位同学画的是什么民俗文化，然后展示的同学再进行介绍，看他对自己绘画的民俗了不了解；二是同学们进行点评和交流，点评这位同学画得好不好，表达的意思清不清晰，有没有体现出绘画技巧。

一位女同学首先上台，她的绘画作品内容是一个人，画中的人两只脚底下有很长的木棍。她刚把画纸摊开，前排座位上的同学就回答"高跷""踩高跷"，然后这位同学也揭晓了答案，就是踩高跷，然后进行了介绍，她说她小时候爸妈就曾经带她看过踩高跷活动，踩高跷的人看着高耸入云，让她印象深刻。同学们对她的作品也进行了讨论，同学们都觉得这位同学的作品描绘得很清晰，让人一眼就明白，绘画技巧也表现得很好。然后，教师也做了相关点评：我国很多地方都有踩高跷的民俗活动，河湟谷地的踩高跷民俗活动也有自身的特色，一般在活动的时候，会有很多人一起，不仅仅是踩高跷行走，而且会有许多人一起进行表演，这位同学能够将自己对踩高跷的民俗活动很好的描绘出来，说明这位同学很好的了解了踩高跷的活动，很用心。但同时也指出，在细节方面还要进一步完善，例如演员参加踩高跷活动时一般都会身着演出服、化好妆，来表现不同的人物形象，并不是很随意，这一点需要完善。

之后又有几位同学陆续上台展现作品，展示的作品风格多样，主题鲜明。其中有河湟谷地地方特色美食牛肉拉面，有非物质文化遗产"青绣"，有传统活动"社火"等等，内容丰富多彩。教师让他们讲述自己的创作灵感和想要表达的含义，让同学们进行了点评和讨论，最后，教师也对他们的作品进行了点评，并进行了知识的拓展与延伸。

最后一位同学展示的内容，同样也让人印象深刻，她的作品描绘的是一堆燃烧的火焰。同学们进行了猜测，同学们冥思苦想还是没有猜出来这位同学描绘的是什么民俗文化。然后，教师让这位同学进行了讲述，这位同学说她描绘的是蒙古族最具特色的民俗文化，火文化。因为她了解到农历腊月 23 日，是中国北方的"小年"，也是蒙古族的传统节日"祭火节"，蒙古族同胞们在这一天将举行一年一度最为隆重的祭火仪式，所以查干萨日"祭火节"是蒙古族同胞具有代表性的民俗活动之一，所以她画了燃烧的火焰。同时，也讲述了她收集其他与火相关的民俗文化。教师为她的这个创意感到骄傲，并在这位同学讲述的基础上，进行了拓展，教师告诉同学们钻木取火就是我们的祖先发明的，河湟谷地与火有很深的渊源，许多的民俗活动都与火相关，比如"篝火""火供""跳火盆"等等，所以火文化也是河湟谷地代表性的民俗文化之一。不过，教师也建议她把火画得更加精细、更有特色一点，可以加入更多的创意。

四、绘制彩陶

(一) 开发陶艺课程，传承沈那文化

本次美术课堂教学的素材是"青海彩陶"，采用的是"彩陶介绍＋学生自由创作＋老师示范＋学生模仿"的教学方法。

在本节课程开始之前，教师用 PPT 的形式，展示了一幅图画，上面画着几个形态各异的陶罐，看起来有一定的年代感，图案像线条，又像是动物。下面，教师让大家进行讨论，讨论陶罐上画的内容到底是什么？同学们立即展开了热烈的讨论，有同学说是"文字"，有同学说是"符号"，还有人说是画的"青蛙"……教师为大家揭晓了答案，这是一个"蛙纹"罐，它是用简单的线条勾勒出来，所以看起来似像非像，有着 4000 多年的历史，这些彩陶也是我们河湟文化的象征。

接下来教师对向同学们进行了详细的介绍：我们学校就建在沈那遗址上，沈那遗址中出土大量的齐家文化遗存，但也有少量的马家窑文化和半山、卡约文化类型的陶罐，刚才照片上展示的陶罐就出土于沈那遗址，该遗址文化层堆积较厚，文化内涵相当丰富、是多种文化并存的古羌人聚落村。

当时的彩陶制作工艺就是咱们陶艺课所讲到的从"选土—陈化—拉坯—挂陶衣—烘干—天然颜料彩绘—高温烧制"的这种制作工艺来完成的。图案上记录了古时候人们的生活和社会状态，让今天的我们有幸欣赏到当时的艺术文化和生活情境。我们看到的图案多种多样的，彩陶纹主要有两大类，一类是抽象的图案，一类是具象的人、动物或昆虫的形象。比较常见的有水波纹、旋转纹、网纹等。接下来，教师将准备的彩陶图案PPT放出来，让同学们一边欣赏，一边逐一介绍：如在大通县上孙家寨出土的一个陶盆上，画着五个跳舞的人手牵着手连成一排，既是一副描绘欢乐人群簇拥在池边载歌载舞的场景，又充分显示了远古人类在实践中所积累的艺术构思和表现手法，所以在图案中也折射出了当时社会风貌的基调和时代主要精神。

(二)创作与讲授

接下来，就是进行创作的讲授。教师让大家在十分钟的时间内，让同学们根据自己对彩陶的了解，选取其中的一个图案，或者图中的某一个自己比较感兴趣的元素，进行临摹式绘画，可以是画整幅，也可以是图案中的某一个细节部分。在这个教学过程中可以通过不同的教学手段加深同学们对彩陶图案的了解，更进一步的学习河湟文化。同时，利用身边的元素进行创作活动，可以激发学生们的兴趣，引发学生们的创造力。等熟练掌握图案的绘制后，在老师指导下将自己设计的图案绘制在提前备好的陶罐上，然后进行高温烧制。

通过此次彩陶绘制教学，让同学们对齐家文化、马家窑文化、宗日文化、卡约文化等有了一定的了解，不仅了解了青海彩陶具有的本土艺术，又了解了图案中所传达的文化信息。同时，在彩陶绘制过程中同学们也掌握了更多的陶艺制作的知识，将本土艺术元素融入彩陶绘制教学实践活动中，这对学生加深本土艺术文化元素的记忆和理解更具有显著效果。

第四节　本土美术资源在中小学教学内容的多重构建

一、本土文化资源开发利用的手段和形式

组织学生以生态游、户外写生等方式，开展本土美术教育活动。把美术课堂移到室外。通过实地搜集多种美术资料，让学生用铅笔画、水粉、水彩来表现，也可以用雕塑 (橡皮泥、泥塑)、剪贴画等自己擅长的表现方式来表现自己的所见所想。"设计.应用"。组织生态游，让他们观察野外的各种花卉，设计创作花卉图案，设计字体等，并运用在黑板报、板报设计、各种装饰等生活领域的各方面。"欣赏.评述"，教师可以拍摄录像、照片搜集和整理人文景观中的本土美术资料，通过多媒体、图片展示、文字资料介绍等方式，让学生认识当地的本土艺术资源，感受本土文化艺术的浓浓气息。组织学生将调查、访问活动中所看到的美术作品、信息、事件和活动,激发学生对来自他们身边的"美术现象"进行评论的热情。"综合.探究 "，开展与传统文化相结合的综合探究活动，用各种材料、多种形式创作和制作相关的美术作品，开展以生态保护和文创为目的的综合探究活动，调查美术在人类生存环境的运用及其关系，用图文的形式记录调查结果。①

二、本土资源实施课堂教学方法

(一) 导入法

在学习民间美术进课堂《剪纸》中，出示图片春节 "贴挂千、贴窗花"，巧设悬念式问题情境导人。让学生研究如何制作，贴近学生生活，自然导

---

① 邓刘敏 . 徐州本土民间美术资源在小学美术教学中的应用〔J〕. 美的时代（中），2016（09）：89—90.

人新课。在《彩陶绘制》教学时，如从哪个方面欣赏彩陶，了解彩陶文化，可以从哪些方位欣赏其绘画风格，引出三维空间概念，立体造型的理解。创设阶梯式问题情境导人。在《青海农民画》中，利用学生调查问卷"衣、食、住、行、用"等生活方式变化，反映共同心声，导人本地资源。《写生课》所学绘画物体的印象，可以对范画或临摹对象进行欣赏、评价，使学生充分感知作品的构图、造型，产生美的向往，激发强烈的作画欲望，在此基础上导人新课。

（二）示范法

示范引路要事半功倍。播放视频片段，多适应于某年级难以掌握的某些绘画技法，教师可边讲解、边做示范，同时让学生在自备画纸上学着画。

（三）探究法

如"衣、食、住、行、用"等生活方式变化，从"发问卷——调查——写问卷——课堂汇报"谈如何调查、获取知识、反映问题。从"调查体会——开展活动过程中的困惑与启迪——发现问题解决问题"，全部由学生去解决，设计重视实践活动的成果展示，充分照顾活动前后学生的感受、困惑以及启迪。

（四）融媒体语言运用法

媒体语言指的是教学中常用的图片、实物、模型、音响、幻灯、语言描述等一些"辅助工具"。教学中融媒体的使用，能使绘画内容变笼统为具体，变抽象为形象，变模糊为清晰，变难为易。

（五）评价俗话说

"良言一句三冬暖，恶语伤人一岁寒"，教师的评价不能过激，要让鼓励教学法贯穿于教学的全过程。如在学习《青海岩画》时，让学生事先实地考察，老师利用现有资料让学生欣赏，对岩画中的热点问题进行辩论，鼓励学生的审美个性，鼓励其主动、积极参与的意识。

（六）创新实践，继承拓展

临摹、复制民间美术、剪纸、年画、农民画等，让学生亲身体验民间美术创作过程的构思、构图、制作、上色等，从实践中体味民间美术构思的大胆想象，构图的无拘无束，造型的变化夸张，色彩的强烈对比、线条的粗犷简略。

在《彩陶绘制》一课中，让学生在绘制鸭型罐、三角鼎的基础上，除保留原来的基本特点外，更多地体现少年儿童那质朴、夸张、大胆的造型特点。《科幻画》要让学生体会到通过移情、变化、重组等手法进行了系列创新。《变废为宝》则要在材料和技法的运用上，尽量降低难度。《表现大自然》要让学生学习在色彩搭配上，形成鲜明的对比，且本土气息浓厚的表现技法。在内容选择上，更多的是表现孩子们熟悉的生活题材。

（七）综合实践，在特色活动中传承文化

第一，在上《民间美术进课堂》一课前，提出问题：什么是非物质文化遗产，国家保护政策，民间美术到底包括什么内容。让学生去查找资料，作介绍准备。

第二，利用节假日去大自然中观察。让学生分小组对相关知识进行调查、收集并记录蕴藏其中的艺术元素：古建筑、江河草原、雪山冰川、西宁八景、美丽的青海湖、天空之境茶卡盐湖等，让他们在旅游中去用笔记录或描绘，探访本土文化资源，把生活变成大课堂。在课堂教学时，引导学生汇集资料，交流课外调查结果，结合相关成果，再进行创作表现。学生在大自然中上课取得了双赢的效果。

第三，利用节日去体验。

第四，走近非遗传承人去学习。

第五，打开网络去拓展。

第六，开发地方教材激发学生学习兴趣。

三、利用本土艺术资源开展美术教育的意义

本土艺术资源可以增强学生对非物质文化遗产保护的意识和责任，能够强化对学生的历史文化传统教育，足以提高学生的审美意识。中小学应充分利用本土资源优势，采取灵活的教学方法激发学生探究知识的兴趣，培养综合素质，多留心观察、多积累应用，努力提高学生的综合素质。

第五节　中小学美术课程的本土美术资源开发实践的反思

地方美术课程开发过程是不断反思的过程。叶澜教授曾经说过，一个教师写一生的教案不一定成为名师，如果一个教师写三年的反思，有可能会成为名师。对于地方课程资源在美术教学中的实践，在开发的单元课程中得到了很好的展现。地方美术课程资源的开发与利用转变了单一的教学模式，提供了多方位的学习体验，在体验中提升了创新和实践能力，学生的个性化发展得以保障。

通过对本土美术课程资源的开发，组成教学课例，增加了美术课程资源的多元化，拓宽了美术教育教学的深度。在这些鲜活的课例下，教师的教学技能也得到了锻炼，综合素质也得到了提升。单元的整合教学活动，学生由浅入深更加全面了解了自己生活的家乡，更加细致地学习了本土文化艺术。这些教学成果在无声处弘扬了当地的历史文化，激发了学生热爱家乡、热爱祖国的情怀。整个学习下来学生主动参与的积极性很高，各种绘画工具的提供激发了学生创作的热情。最有意义的是学生们在明信片设计时，写的那些有感而发的文字，或许是写给未来的自己，也许是写给遥远的思念的人，抑或是写给那些在同一个街角留恋驻足的旅行人，瞬间让这些作品蕴含了非凡的意义。但是还存在了一些不足之处，这些自主设计的课是在社团课和兴趣班中展开的，每节课的时间要一到一个半小时

之间，如果应用到平时的课堂教学中，课程容量与难度还需要进一步的调整，课程内容还应该进一步整合，更加突出能力培养方面的需求。无论是成功与否，我们还是需要把在地方美术课程开发实践的反思与大家进行分享。

一、课程开发的资源选择要具有代表性

在课程开发的选择上要考虑具有代表性的课程资源。通过本次对青海本土艺术在美术教学活动当中的教学设计调查中，可以看得出来学生们普遍在认识自己的家家上有了很大的提升。美术创作来源于生活并高于生活。河湟文化资源是具有代表性的选择。即便是进行户外写生或彩陶绘制，都是基于对河湟文化的认知。作品的创作从本质上来说，并不是简单的复刻，而是一种艺术的再度创作，融入审美，不断提高学生们的审美意识，因为审美对于美术的作用就像是水对于生物的作用一样，如果没有了审美，艺术作品就会像枯朽的木头一样，缺乏生机，缺乏活力，缺乏生命的气息。在中小学美术教学的课程开发实践来看，学生作品要具有审美性以彰显资源选择的代表性。因此学生审美能力的提升显得尤为重要。然而，从当前的在教学活动中所发现的问题来看，学生们在审美能力上还存在着某些不足，这也是后期教学需要继续努力的地方。笔者认为课程资源选择具有代表性要遵循以下观点。

第一，要具有可行性，因地制宜，符合地方实际。只有见得多了才会产生更多、更深的印象，这也是为什么本次活动设计过程中，会让大家实地参观考察，并且让学生们表达感受，让他们来观看视频，来了解河湟的文化特色、历史、民俗等知识的原因，因为看的过程其实也是积累的过程，要想艺术有灵感，要想艺术有生命力，就需要不断积累这种生活的审美经验，这些生活上的素材很多时候就是通过自己不断地采风学习，积累经验形成的。古人早就说过，读万卷书不如行万里路，所以一定要多走多看。

对于学生们来说，可以在家长和老师的帮助下，带他们游览更多的地方，看更多的特色美景，向他们讲述其中的历史和文化知识、名人典故、民俗风情等等，利用本土现有的文化资源，充分调动学生的学习积极性，以顺利达到课程资源开发的目的。

第二，遵循适切性原则，符合学生认知发展规律。学生们仅仅看是不够的，看只能够积累学生们的一种经验和体验，但是要把这种经验和体验转化为他们内在的一种知识涵养，还需符合他们身心发展的规律。比如河湟文化特色如此久远，能够让它们穿越历史烽烟，在今天依然闪烁着智慧和文明的光辉，是为什么呢？还比如，中国古代建筑与西方建筑风格有什么不同等等，这些都是需要学生们去思考的问题。当然学生们这种思考能力的培养和习惯的养成，需要老师和家长在平时的教学和生活中进行适当的引导，因为小学阶段的学生们毕竟年龄较小，心智还比较稚嫩，此时，要帮助他们去积极地思考其中的问题和道理，帮助他们获取必要知识和经验。让他们明白什么样的内容对于美术创作更加重要，应该如何进行创作。把问题引向更深入地方，帮助他们去思考一些文化背后的内容，比如，建筑风格如何通过绘画的方式来呈现，简单的绘画形式为何能够表现出如此丰富的内容，不同绘画风格对于作品表达效果的差异等，教师都可以去引导学生们进行思考，有利于他们在学习绘画的过程中更好地融入本土艺术特色，帮助他们能更好地理解本土艺术内涵，以及在美术学习与创作中如何更好地去融入本土特色，从而帮助他们加强对本土文化艺术的认同感，更好地传承和保护我国优秀的传统文化，并在绘画作品中充分体现出来。但是，由于本次活动时间有限，仅仅只是几次美术教学课程的设计，并不能覆盖学生绘画教学的全部，只能利用课堂有限的时间加以引导，帮助他们将来学有所获并使之成为后续学习的动力，协调发展还需要继续深入课程开发的选择性研究。

二、开发课程的教学要具有灵活性

教师的眼界决定课程的边界。教师的课程意识与能力对地方课程资源开发非常重要。因此教师要具备灵活的课程能力，在开发课程的教学中灵活地运用学科知识，推动课程开发的进程，在课程开发的实践中，有效融合本土文化艺术，激发学生发挥积极的创新性和创造性。绘画作品是一种艺术创作，既然是一种艺术创作，就要求要有创造性和创新性，不能是完全真实的东西，必须经过加工提炼，必须有创作者的思维和创意，融入创作者自己的感受，必须有艺术的加工。当然，对于中小学阶段的美术教学来说，并不能要求学生们就已经具备了这种艺术家的修养和气质，但这潜在力的培养，其实在年龄很小的时候就可以开始。因此，在同学们的内心种下一粒艺术生命力顽强的种子，这也是我们教学的意义。只单单有这些还不足以，我们的教学还要有发散性思维和激发学生发挥创造性思维，达成学习共同体。

首先，要发散性思维，发挥主体意识。在教学实践中，学生们在创作的时候需要以点带面、由此及彼、举一反三，发挥主体意识。看到要画的内容不能够仅仅是为了写实而写实，当然，写实创作也是一种绘画风格，但是写实的过程中要注意的是不仅仅看到一个湖，就是一种湖，要知道这个湖有上百种甚至更多的表现形式，就像照相，它与艺术创作最根本的区别在于，照相主要是对外部世界的一个真实物理的完全反应，但艺术创作就需要具备人的发散性思维，可以从湖想到山，从山想到树木花草，想到小桥流水、亭台楼阁等等。人的发散性思维，需要这种联想，看到一棵树会想到春夏秋冬 和风霜雪雨。发散性思维给人的是一种思想上的能力，也是艺术创作中不可缺少的一种能力，但这种能力的培养并不是简单上几次美术课就能突飞猛进的。教师在课程实践过程中，需要时刻用自己独特的眼光去理解体验课程，时刻将自己的人生阅历和感悟渗透在课程实践中，并激发学生创造出鲜活的课程体验。

其次，发挥创造性思维，建设学习共同体。创造性思维，是对于原本没有的东西，创造出一个全新的事物。比如，对于一幅立体性的地图设计，不同的人对于同一张地图可能有完全不同的表现形式，有的人用素描的方式表达，有的人用油画的方式来表达，还有的人用中国山水画的方式来表达，这些不同的风格和特色表现出来的都是不同的创意，是思维上的不同。当然，教师在表达时也会呈现带有个人思想的创意。人们在元素的把控、风格的选择、构图的差异、图片中重点内容的选择上都会表现出不同的审美感觉，其中最重要的原因就是他们在创造性方面的差异。比如，有的同学会选择一个单一的景物来体现出传统建筑的特色，而有的同学会选择一些建筑与山水的结合来体现地方风格特色。作为一种艺术创作，这些没有对错之分，都是我们创造性思维的不同。教师在课程开发实践中形成自己的信念和价值观，共同完成课程开发的目标，久而久之就会形成学习共同体。

这些创造性思维能力和有默契的学习习惯，不仅仅是美术课上需要去发挥和提升的，也需要在日常生活中，在每一天的生活学习中去培养的。比如，教师在教学的时候是一味地在黑板上进行示范，让学生进行模仿，还是也可以给予学生们充分创作的自由空间，让他们有充分发挥自己创造性思维的余地，这就有很大的区别，学习共同体的形成，需要师生长时间协作。但本次的内容有限，并不能做到完美。

最后，良好艺术创作习惯的养成。想要学生们在艺术创作上打下良好的基础，就需要特别注意不断地重复和注意细节，养成良好的艺术创作习惯。所有伟大的艺术家、画家，他们的伟大都是来自坚持，来自基本功的把控，来自最简单的、最基本的素描和基本表现手法的不断强化，来自他们对绘画细节当中的精益求精和始终不断的前行，他们不会满足以往的成绩，而是不断地提升，不断优化自己的创作，不断尝试新的领域，不断地在原有绘画风格的基础上进行局部创新，不断提升自己的思维能力、创造能力、审美能力等等。通过在现实生活中不断地观察、学习和思考，最后才成就了他们的伟大，才能够创作出精美绝伦的艺术作品。所以需要注意的是，要注重坚持，注重养成良好的绘画习惯，不断地重复基本动作，然后把握好创作过程中的每一个细节，哪怕是一个微小的部分，其实对于艺术创作的成败有时候都可能起到关键性作用。艺术创作，不仅仅要讲天分，更重要的是勤奋和努力，这一点需要教师在小学阶段就让学生们明白。

好的课程，才有好的教育。在本次美术教学活动开发中，由于教学目的是青海本土艺术资源在中小学美术教育中的开发实践，所以更多的时候是美术与本土艺术的一种融合，发展符合学生需求的课程，是要学生的学习与周围的社会生活、本土艺术有机的融合，只有这样才能开发出适合学生需求并具有地方特色的本土化美育课程。

第四章　我国本土音乐资源融入中小学音乐课程及实践

第一节　本土音乐资源概述

一、本土音乐资源概念的界定

本土音乐资源，是根据它的母系以及民俗文化、风俗文化等其他方面大致而来。本土音乐一般是指某一地区的地方音乐，隐含着这一地区的乡土文化特征，是以某一地区的文化属性及民俗文化为基点而发展起来的音乐。还有些学者将本土音乐资源归纳为各个国家、省市、县、镇的传统民间音乐、民族音乐，由于地域不同，其本土音乐资源也存在一定的差异。

在此也可以将本土音乐资源置于一定的历史文化背景中进行定义，来进行一个确切的定位与阐述。早在史前时期我国的音乐就已经开始发展了，在一代代人的生活中发展下来，以口传心授的方式。由于每个地方的地理位置与风俗习惯各不相同，其产生的音乐也是不同的；再次，就算相邻的两个省份，其音乐的特性也是各有千秋，譬如：内蒙古和山西相邻，但内蒙古地区以草原居多，幅员辽阔，其音乐风格以豪迈悠扬为主，如呼麦、长调等，而山西地区以山居多，故山歌、小调成为其主要的音乐形式。每个地方的本土音乐资源都是与当地民俗习惯、地理位置、宗教信仰等因素有着密切联系，是一种骨肉关系。

随着时代的不断进步发展，从传统农业社会到工业社会再到现代信息化时代的转型，人们不但在生存方式上发生了系列转型，还出现了一种"非本土音乐"。我国许多研究者认为本土音乐主要指的是带有传统性质的民间音乐，是有一定的"乡土味儿"的，而现在学校的音乐教育主要是以西方音乐教育内容为主，很多学生比较在行西洋大小调，而对中国传统五声调式的了解却非常浅薄。由于音乐之间存在着一种互通性，很多人将西方音乐渗透进中国传统音乐，变成一种带有西方味儿的中国曲子，从而形成一种"非本土音乐"，这对本国本土音乐资源的发展与传承也是非常不利的，体现出了"本土音乐资源"与"非本土音乐资源"之间的一种相对性。

因此可以将"本土音乐资源"简要地概括为：中国本土"原汁原味"的传统音乐，且不受西方文化的外来影响，包括有地方性的民间小戏、地方器乐表演等。在本课题中所谈到的本土音乐资源，主要指的是山东及青岛地区本土音乐资源，属于本人家乡的音乐，也就是概述中的第二块内容。①

二、山东本土音乐资源简述

山东历史悠久，有着浓郁的文化气息，许多大文豪都出自山东，如教育家孔子，对山东源远流长的本土艺术产生了深远的影响。山东的本土音乐资源深深地扎根于山东的文化土壤，是根据地理环境、每个地区的生产生活方式及其风俗习惯、地方方言等诸多要素为基础，孕育出了一些山东特有的民间音乐艺术。

（一）民歌

山东民歌多种多样，有时调、号子、山东秧歌等音乐体裁，其代表性曲目有《花蛤蟆》《银纽丝》《包楞调》等。而在山东民歌中主要以小调和劳动号子当属数量最多，分布流域也最广，如临沂地区的《沂蒙山小调》。

劳动号子是过去人们在劳作时，配合自己的肢体动作，并顺应一定的节奏而产生的一种民歌体裁，它的种类多种多样，有海洋号子等近七百种，从

---

① 唐宇.浅论对于中学音乐教育中本土音乐资源的开发与利用[J].音乐时空,2014（01）:149—180.

其种类繁多上看，它的表现手法和其音乐的性格也是多样的。或歌曲豪放或抒情优美，从不同程度上表现了山东人民其特有的豪放性格与伟大的气魄。

（二）地方戏曲

山东有着丰富且历史悠久的传统音乐文化，经过资料查询，山东有着将近 30 个地方剧种，戏曲文化源远流长。其中非常具有代表性的有吕剧、山东梆子等，吕剧的代表曲目有《小姑贤》《金鞭记》等。山东梆子的行当与京剧相类似，只不过在中间加了一个"末"行当，其代表性剧目有《坐陈桥》等。山东的戏曲音乐文化可追溯到史前时期，这为后世戏曲音乐的研究提供了广阔的研究天地，也有利于沿着传统文化这一条大河不断探索与传承。

（三）民间器乐

山东的民间器乐乐种有很多，有鼓吹、古琴、三弦、古筝等乐器，而鼓吹和古筝的影响力是最大的。在鼓吹中，鲁西南鼓吹有着"唢呐之方"的美誉，伴奏乐器有唢呐、管子、云锣、竹笛等，主要曲目有《百鸟朝凤》《打枣》《小放牛》等。山东的古筝有着"山东筝派"的美称，代表性曲目有《汉宫秋月》《渔舟唱晚》《飞花点翠》等。

第二节　我国本土音乐资源应用于中小学音乐课程的开发

我国幅员辽阔，各地本土艺术资源不尽相同，因此本节将以青岛市董家口小学为例，详细阐述基于本土艺术资源的中小学艺术类课程的内容。

一、本土音乐资源在董家口小学音乐校本课程中的开发依据

（一）董家口小学音乐校本课程理念

1.促进每一个学生的身心和谐发展

每一个学生都是社会独立的个体，他会在自己的成长发展过程中形成属于自己的独特个性，学校教育应秉承因材施教原则进行施教。学校校本

课程的开发研制与实施主要以学生为主体来进行，培养出能用世界的眼光顺应时代发展的新一代。学校所进行的教育对学生有着最深入的影响，所以开发学校校本课程能够最直观地影响到每个学生。在这个基础上也需要把眼光放宽，注意不同层次的学生，教师针对知识点对学生进行分层教学，善于发现对艺术某一方面有潜力的学生，并以特殊的教学方式充分发挥学生特长并给予培养，使其在艺术的发展道路上越走越远。除了针对一些有特殊音乐才能的学生，教师也要针对所有学生，对所有学生进行普遍化教育，在音乐校本课程进行中涉及其他的课外知识，使学生接触到的知识具有广延性的效果。个性化的发展应该围绕学校的一切因素，在学校实施的教育过程中，为学生创设的显性的或者隐性的精神环境与物质环境中，个性化的发展应贯穿其中，在个性化的发展过程中也能够更好地发展学生自主创新能力，使学生能够在自己独特的兴趣爱好点上绽放独特的光芒，董家口小学利用音乐校本课程的发展，很好地解决了发展学生个性化、促进创新这两大问题。

2. 促使教师专业发展与能力提升

董家口小学为了能够让音乐校本课程顺利及有质量的实施，从很多方面开始入手，如课程实施的组织形式、授课年级进行分层教学、教师的专业素养、如何安排上课时间与上课地点等问题，来对学生进行最大化的教育，在这个过程中，给教师和学生充分发展的空间，使教师能够充分利用自己的已有经验与知识技能开辟新的教学方式来对学生教授音乐校本课程内容，注意用发展的眼光看待问题，开发学生的兴趣，以"趣"作为学习的开端。在近几年来，学校的师资水平有了很大提升，年龄基本都在三十岁左右还有个别应届毕业生，整个音乐组洋溢着青春、有朝气的氛围，在吸收新知识、发展能力方面呈现直线式上升的趋势。在开发音乐校本课程中面临着许多考验，如催促教师专业技能的进步（钢琴、舞蹈、音乐素养）、讲课思路的千变万化、音乐知识和其他学科知识进行穿插，以及和学生近距离交流的能力。董家口小学的音乐校本课程采用的主要学习形式是"走班制"，在这样的一个转变过程中，学生既满足了自己的兴趣需要，又促进了各个年级和班级之间的学习交流与互动。

3. 体现学校以及本土艺术传承

董家口小学音乐校本课程其内容大多为山东地方戏曲、民间音乐、非遗音乐文化、民间歌曲等。因为近几年来国家大力弘扬中华民族传统音乐文化，各个学校、地方非遗进校园的活动如火如荼地进行着。学校是最直接的培养人、发展人的场所，而且学校教育能够最有效地控制学生发展的各个因素，能够从各个方面对学生进行引导，因此，从实际出发，并横向、纵向地贯穿了学校的教育思路与教学方法显得尤为重要。随着生产力水平的不断提升，董家口小学其周围的环境也发生了巨大的改善，人们普遍的文化水平、社会整体素质也得到了进步，这一系列的变化使人们开始把自己的目光放在学生的教育上，在开发音乐校本课程的同时鼓励学生培养自己的一项艺术特长，在一些学校文化建设上（如校园音乐节）都可使学生的特长得到充分的表现，既增加了个人自信心，又丰富了校园文化。[①]

4. 充分利用并挖掘各类社会资源

董家口小学的音乐校本课程里面涉及的内容形式很多，有音乐欣赏、歌唱与表演、地方音乐、民族音乐、本土音乐、海洋音乐等，以及里面还加入了许多山东省、青岛市的音乐艺术家的事迹、作品等。作为学校音乐校本课程，它把课程内容的眼光放得广，而且深，充分利用各种社会资源，比如把海洋劳动号子的音乐选入校本课程，编写者选取了当地渔民的插图，并且介绍了早些时候渔民们外出打鱼时所喊的劳动号子，加入了青岛地区

---

① 李田甜. 本土音乐数据库建设路径与应用研究 [J]. 四川戏剧，2021（04）:135–137.

具有悠久历史的渔歌，还引入了部分本土音乐资源，如胶州地区的大秧歌，课本上不仅插入了生动的图片，还加入了胶州秧歌表演视频的二维码，以便学生在家时观看，同时这也充分体现了现代教学技术与学习方法的多样性，充分利用了信息时代带给众人的福利。从以上两个例子可以看出，在广大的社会环境中存在着各种各样的社会文化资源，应该采取有效的方式来进行挖掘利用，让生活融入艺术，让艺术走向生活，让学生在学习音乐的同时了解认识自己的家乡，培养学生的社会道德责任感。理论要联系实际，知识同时也要应用于生活，学生在校本课程中接触到了各种社会音乐资源，扩大了自己的知识面，在走出学校时可以用敏锐的觉察力感知来自四面八方的音乐资源，如公园大爷清晨的二胡旋律、街上的富有旋律性的叫卖声等，这些都是教师要引导给学生的要用富有创造性的思维和眼光看待事物的能力。

（二）理论基础

董家口小学音乐校本课程中本土音乐资源的开发主要以泰勒的课程开发原理作为相应的理论基础，分为四方面进行论述。

1.确定教育目标

教育目标的确定要以学习者自身、社会的需要、文化知识的发展为基础，三者缺一不可，且倡导使用"筛选法"来确定课程的目标。

2.选择教育经验

教育经验是学生与外界进行沟通交流时所产生的对个人认知性的反应。学习经验与学生具有主观能动性、个别差异性，以及外部不可控的外部条件有着密切联系。

3.组织教育经验

主要从以下三个原则进行阐述：连续性，对于课程学习内容采用直线式陈述的方式，且在各个教学环节不断地反复叙述、加深这些内容；顺序性：后面学习内容是以前面学习内容为基础的，并不断对其加深、拓展延伸，不断地对教学内容增加深度、广度；整合性：学生所学习的各种课程内容间要存在一种横向联系，使学生在头脑中对知识形成一种统一概念。

4.评价教育经验

评价教育经验能够使教育者清楚地看出学生所获得的教育经验是否得到或产生了良好的、令人满意的结果，同时也有利于总结这种经验对教师所产生的启示，引导教师接下来该如何去做，有利于教育者更好地反思和改正，以及更好地实施教育经验。

（三）现实基础

1.学校教学设备、设施不充分

在本土音乐资源的学习过程中，教师需要有与教学内容直接相关或间接相关的教学材料，如山东梆子的常用伴奏乐器唢呐等，像这些常用及常见乐器学校里非常缺乏，使学生不能直接地体验到这些音乐文化，且常见乐器钢琴只有一架，不能充分地满足学生发展与教师进行施教的需求。

2.师资水平有限

由于山东地方本土音乐资源大多是一些戏曲音乐、民歌小调等，学校里相当一部分老师教龄较长，对于新课标的改革并不适应，虽教学经验多，但知识面比起新老师略显差池，且对于本土音乐认识不深。还有一些新上任的老师，教学经验不足，而且在大学里分专业进修，知识面深但是不广，有的人是钢琴专业，有的是声乐专业，还有的是理论专业，对于本土音乐资源的学习涉入不深，甚至不曾接触与学习，因此在教学过程中就会存在一定的限制，有些教师"现学现卖"或者经过短期的培训，不能提供高质量的教学。

3.学校及社会的重视观念不够

虽然在新课程标准中明确指出要弘扬中华民族传统音乐文化，理解多元文化，各地方也给予了足够的重视，但这种重视是不均衡的，很多人在观念上就认为音乐是副科，没有语数英重要，把学校教育误认为是狭义的智育教育，忽视了美育的发展。且虽然学校、社会自上而下有这种重视观念，但实施力度与方法还需进一步提高。

二、本土音乐资源在音乐校本课程中的开发

（一）制定音乐课程目标

课程目标的制定要根据学生特点和生理规律以及学生的个别差异来制定。三至六年级学生有了一定的判断能力与主动性，知道自己喜欢什么样的音乐，可以在老师的指导和帮助下进行演唱和演奏，能够根据自己所学的歌曲认识各种音名、唱名、音乐记号等。

三年级：能够在教师指导辅助下参与一些综合实践艺术活动，喜欢参加演唱与演奏活动。

四年级：对演唱时的正确演唱方法进行初步把握，并且掌握学习本土音乐时的一些特色动作。能够识别 G 大调，在合唱中能够根据教师的相关要求作出相关的动作，在演唱、演奏时能够初步形成自己对音乐作品的感受。

五年级：能够按照歌曲的原有节奏、曲调加上自己的表情（面部表情、动作表情等）去表现作品，在合唱中能清楚自己所担任的角色，有表情的演唱和演奏。并且能对一些同学的演唱和演奏做出相应的评价，能够准确唱出 G 大调歌曲，且有一定音乐基础的同学能够识别 D 大调、F 大调、降 B 大调，能够独自演唱 1—2 首山东本土音乐。

六年级：能够熟练地背唱歌曲 5—6 首，且能够独自识别简单乐谱，能够独自演唱 4—5 首山东本土音乐，形成对地方音乐文化的基本了解，能够自觉参加综合类的音乐实践活动，对歌曲能够充分自然的表达（包括演唱、演奏方法、适当的表情以及自己对音乐作品的情感表达）。在六年级学生的生理、心理已逐渐的成熟，教师可增加各类音乐欣赏类的作品，并且培养学生的创造性，如对本土音乐资源进行简单改编等。

（二）拟定课程计划

三至四年级课程计划：①练声方面（贯穿于每节音乐课中），设置一些基础练声曲；②音乐基础理论知识方面，锻炼学生视唱能力，能够准确打出 3/4 拍、3/4 拍节奏并能够简单唱出 3/4 拍、3/4 拍子的歌曲，认识四分音符、全音符组成的简单乐谱，能够听出音乐中强弱、高低与长短的关系和区别，认识 G 大调；③演唱歌曲方面学习并能够独自演唱 2—3 首山东本土音乐，如《清蓝蓝的河》《赶集》《拾棉花》等。

五至六年级：①练声方面（贯穿于每节音乐课中），设置一些基础练声曲，使学生掌握正确的方法，并且学会面部表情及身体动作、音准、控制强弱等的能力；②音乐基础理论知识方面认识变音记号及基础的调式调性，能够独自熟练打出单拍子 3/4 拍、3/4 拍歌曲节奏，并能够在教师指导下打出复拍子 4/4 拍、6/8 拍等的音乐节奏，认识附点音符、二分音符、八分音符及其组成的简单乐谱，在视唱中能够唱出声音的高低强弱，认识 D 大调、F 大调及其同调歌曲；③演唱歌曲方面

学习并能够独自有表情的演唱 5—6 首本土音乐歌曲，如《歌唱大生产》等歌曲。

（三）组织课程实施计划

首先，要确立音乐校本课程的计划性，并认真去执行。同时音乐校本课程要把时间、课程表以及教学内容等定下来。

时间：每周四下午第三节。

课程表：要把音乐校本课程的上课时间与统筹安排纳入总的课程表，来进行统筹管理，使得音乐校本课程与其他学科有着同等重要的价值与地位。

校本课程分类：音乐欣赏类、演唱类、舞蹈类、器乐类。

对于音乐校本课程，学校应该选任经验丰富、专业技能扎实、博学多识的教师来担任，能够对有某些专项特长的学生最初专业有专门的评价与

指导，使得学生获得发展与进步。

（四）选择编制课程材料

开发本土音乐资源所需要的课程材料，需密切联系课程内容，并结合课程目标的制定，来选择课程材料，以期使学生达到更好的学习效果。所需要的课程材料包括实施课程内容与教学计划所需要的教学材料。首先在编制音乐校本课程时，面对众多曲目，该如何去选择既对学生有教育意义，又能弘扬中华优秀传统文化，建立一定的筛选制度，编写组的教师们要广泛提意见，选择合适的内容来进行教学。

（五）规定课程实施细则

1. 整体性原则

在教学实施过程中可将音乐教学与其他各学科领域内容相贯穿融合，使学生的学习形成一个横向联系，所学知识形成一个"交通运输网"，环环相交，从而促进学生整体发展。

2. 导向性原则

课程内容是根据课程目标的制定来进行选择编排的，所选择的课程内容能够对学生产生一定的引领作用，使学生的思想层次达到一个提升，对于弘扬中华优秀音乐文化有一定的思想意识。

3. 科学性与思想性相结合原则

所设定的课程目标要存在一定的教育意义，目标的设计要科学合理，且内容的安排上要有一定的深度和广度，同时对学生美育的发展起到一定的带动作用，并培养他们对于祖国传统文化的兴趣。

（六）对课程实施进行教育实验

在校本课程的课程计划设计出来之后，要进行实验测评，检测课程计划的效度与信度，可在3—6年级不同班级试行实施课程计划，以正常上课的形式监测一个月，最后使用多种评价方法进行评价。教师在课堂中所进行教学的内容必须具有一定的针对性，且实施的内容是可以检测的。在经过课程实施教育实验之后，通过正确合理评价，通过评价结果来不断改进、调控课程计划。

（七）实施并完善课程评价体系

课程评价应从学生、教师、课程目标及内容三方面出发，全面客观的对学生、教师及课程进行全面合理的综合测评，通过评价结果，来不断调整控制教学行为，以促进学生更好地发展。

第三节　我国本土音乐资源在中小学教学内容的多重构建

教育部颁发的义务教育《音乐课程标准》(修订版)提出"弘扬民族音乐，理解多元文化"的音乐课程基本理念，民族音乐的传承成为音乐教育界所关注的焦点。谢嘉幸教授提出："让每一个学生都会唱自己家乡的歌"，更是让本土音乐在教材中的开发与应用成为热门的话题。以往的学者们侧重于本土音乐资源的重要性和本土音乐如何运用到音乐教材中，而本论文是以广西小学音乐教材为视角，研究教材中广西本土音乐资源的具体应用。

本节将以广西小学音乐教材为例，详细阐述本土音乐资源在中小学教学内容的多重构建。

一、广西小学音乐教材的概述

自 1981 年以后，国家教委提出"一纲多本"的教材编写政策，全国各省市、自治区教委组织人员根据实际情况编写适合本地区的中小学音乐教材，例如湘教版、沪教版、苏教版、冀教版和花城版等。广西区教委也积极响应"一纲多本"的教材编写精神，早在 1995 年底就编写了两套（简谱、线谱）具有广西乡土特色的小学音乐教材。随着时代的发展变化，教学大纲和课标的不断更新，广西壮族自治区课程教材发展中心也在努力完善本地音乐教材。目前，最新编订的是 2013 年 12 月出版的《义务教育教科书音乐（简谱）》，经教育部审定后投入到广西部分地区中小学使用。

广西小学音乐教材的主编是人民音乐出版社副总编辑杜晓十教授，副主编是广西艺术学院王晓宁教授。教材共有 12 册，每册教材中的教学内容有六个单元：中外民歌、我们爱唱歌、快乐的小乐手、多彩的声音、我的家乡好、音乐万花筒，每个单元有 5—6 个课时。并且每册最后加入"音乐大本营"部分，是针对学生本学期的学习情况作出的相关知识检测。

（一）课时编排

此套教材共编排了 401 个课时，教学内容实践形式分为活动、演唱、听赏三个部分，其中三到六年级分别利用一课时编排的是"学乐器"内容。

（二）教材选曲

教材中共选取了 365 首曲目，其中民族曲目有 149 首，民族曲目包含中国民族民间音乐（含台湾民间音乐）和外国民族音乐。同时，教材中的二声部曲目有 71 首，广西地区少数民族音乐的曲目共有 55 首。[①]

（三）单元知识结构

每个单元有一个特定的主题，知识点的选择围绕主题编排，不仅有歌曲的学习、乐理知识的掌握、基本情感的体验，而且还包括人文、历史、地理等相关知识的了解。同时，每个单元主题词的选择都富有时代气息，便于理解，如四年级下册中的主题词"旋转的歌儿唱起来""沃土中原"等。

二、广西小学音乐教材中广西本土音乐的运用分析

广西是能歌善舞的多民族自治区，创造了许多优秀的民族音乐文化。为了弘扬民族音乐，将本民族的音乐文化得以更好地传承，广西区教委按照教学大纲与课程标准的要求，在教材中适当选用广西优秀的音乐作品。

---

① 陈湘蕾，易德良 . 本土民族音乐资源引入高职院校小学音乐教育课程体系的分析与思考 [J]. 戏剧之家，2018（34）:163.

广西素有"歌海"之称,民歌不仅反映出广西各族人民辛勤劳作的过程,对幸福生活的向往,更是他们智慧的结晶。这些民歌具有丰富的音乐语汇,特殊的调式调性,腔词关系方面也独具特色,教材中选用的广西本土歌曲可以分为三类。

第一类,广西传统民间歌曲。广西本土音乐从兴起到形成,再到传唱至今,一直保持着广西独特的音乐文化。为了将此音乐文化在学校教育中得以传承,因此教材中选用了几首具有代表性的本土民俗歌曲,多以听赏的教学形式呈现。如四年级下册中的《桃子花溜溜红》是一首仡佬族民歌,歌曲为拍子,演唱形式是用"一领众合",体现了仡佬族民歌单声演唱的音乐特点,没有多声部合唱。

第二类,广西本土儿童歌曲。在广西传统民族民间歌曲中有很多优秀的儿童歌曲,其特点是生动活泼、幽默风趣,凸显民族特征和富有教育意义。教材中选用的广西本土儿童歌曲一部分是带有本民族语言演唱,如四年级上册的《侗家儿童真快乐》,这是一首由一个扩充性乐段构成的二声部合唱歌曲,歌曲中加入了"哟、呀"等具有侗族特色的衬词,并且歌曲中间的衬词"耶啰"将节奏拉长,形成二声部合唱,与齐唱部分形成对比,旋律以 la do mi 作为骨干音,更加突出了侗族音乐的特点。

第三类,新编广西本土儿歌。随着时代的发展,广西出现了一些带有广西少数民族音乐元素的儿童歌曲,这些歌曲在教材中多以演唱的教学形式呈现。如五年级下册的《跺跺脚》,这是一首具有西南少数民族特色的创作歌曲,歌曲中吸收了苗族和彝族的音乐元素。歌曲旋律欢快,歌词中的念白部分节奏感强,并且歌曲中出现的上、下滑音记号,具有浓郁的西南少数民族风情。

广西少数民族的本土乐器丰富多样,演奏方式也是独具特色。教材中的课时内容安排不仅有相关器乐,而且还讲解此件乐器和乐器的正确演奏方法。如五年级上册的《唱天谣》,通过听赏弹唱曲目《唱天谣》来介绍天琴,让学生了解天琴是壮族民间特有的二弦弹拨乐器,天琴可以表达人们心中的喜怒哀乐。

三、教材中本土音乐文化传承的思考与对策

将优秀的民族音乐素材引进音乐课堂之中,能促进学生音乐知识的学习,开阔学生音乐视野,增强音乐表现力和创造力,弘扬民族音乐文化。广西小学音乐教材在将本土音乐文化融入教材中有许多优点。但不可否认的是,音乐教育理念的不断更新,教材在实施的过程中难免需要调整,参照教育部制定的《义务教育音乐课程标准(2011年版)》,针对广西小学音乐教材的现状进行分析,并提出相应的发展对策,帮助老师和学生更好地使用教材,从而达到音乐新课标的目标要求。

(一)充分彰显课标理念的新教材

第一,教材在内容结构编排上体现了新课程标准的理念和新课改的意图,始终坚持以"以音乐审美为核心,以兴趣爱好为动力"的教育理念。对广西本民族的音乐选曲力求美感与兴趣相兼顾,内容贴近学生的生活,形式多样。

第二,力求配合教材中本土音乐的立意美、音韵美、曲调美的审美特征,教材中的插图色彩鲜艳绚丽,并且富有民族特色。

第三,教材根据不同年级学生的心理特征,安排了适合各年龄段的本土音乐曲目,同时用不同的实践形式循序渐进的呈现,遵循了美国曼哈顿维尔音乐课程的螺旋式上升的编排理念。

第四,教材在编排本民族音乐的同时,对本民族的相关知识附以详细的说明,特别是对少数民族特殊含义的词语加以详细注解,让学生对本民族文化的了解做到"知其然,知其所以然"。

(二)促进本土音乐文化传承的教材的发展对策

第一,小学音乐教材在编写教材的过程中积极吸收了部分优秀的本民

族音乐作品,但是就总体曲目而言,本土音乐所占比例相对偏少。马达在《20世纪中国学校音乐教育》中曾提道:"根据国家教委'一纲多本'的教材编写精神和1992年颁发的中小学音乐教学大纲规定的乡土音乐教材比例可占教学内容总量20%的规定。"广西小学音乐教材中除了一年级上下两册和六年级上册,其他各年级教材中的广西本土音乐所占比例均未达到20%,因此在教材中应该增加广西本土音乐的相关内容。

同时,教材中本土音乐曲目还存在着每个年级分配不均的问题。教材中涉及壮、侗、苗、瑶等9个少数民族的音乐文化,应在教材中尽量涉及广西各个民族的本土音乐,以便让广西每位学生都能在教材中找到自己民族的音乐,从而增加学生对音乐教材的亲切感。

第二,教材课时合理的编排,能充分提高学生的学习兴趣,有效地完成教材所安排的教学任务。教材中的课时量需与本学期的总课时量相符合,若教材课时量过少,无法满足学生的学习需求,若教材课时量过多,显然很难完成教学任务,学生只能是走马观花式的学习,同时也会让学生失去学习兴趣。根据桂教基教(2002)35号文件发布的《广西九年义务教育课程计划》,九年总课时按每学年35周上课时间计算,小学音乐课每周有3个课时,总计约105个课时。但每个年级上下两册的课时总量约为70个课时,因此需增加教材中的课时量,广西本土音乐的课时也需相应增加到一定的比例。

第三,"创造是发挥学生想象力和思维潜能的音乐学习领域,是学生进行音乐创作实践和发掘创造性思维能力的过程和手段,对于培养创新人才具有十分重要的意义。"建议在教材的"活动"部分中,一方面让学生在聆听本土音乐的时候即兴创编活动,另一方面让学生在掌握本民族的音乐特点后,结合自己本民族的生活习惯,创编出属于自己民族的简单音乐作品。

第四,音乐是音响的艺术,有声的音响可以直接刺激学生的大脑,让学生直观地感受音乐的存在,培养审美意识。

教材是教师传授知识和学生学习知识的重要媒介，它具有很高的权威性和具有广泛深远的影响。因此要用正确的态度和辩证的思维对待小学音乐教材，用新课标的理念和其他地方教材来审视小学音乐教材，要用积极的态度来认识教材中所出现的不足，并努力寻找相应的对策，使小学音乐教材日趋完美。

第四节　我国中小学音乐课程的本土音乐资源开发实践的反思

我国幅员辽阔，各地本土艺术资源不尽相同，因此本节将以青岛市董家口小学为例，详细阐述基于本土艺术资源的中小学艺术类课程的内容。

一、实施的贯彻要求

（一）与其他学科知识形成"关系网"

在实施教学的过程中，教师要具有将系列知识进行"横纵联系"的能力，把本土音乐资源的内容与其他学科（如地理、语文等学科）形成纵向与横向的联系。如学习山东临沂地区民歌《沂蒙山小调》，可以在教学过程中与地理学科相联系，学习音乐的同时讲解一下沂蒙地区的地理环境，同时可以和历史学科相结合，讲述沂蒙红色根据地的历史故事。这样做可以让学生将音乐与历史紧密地结合在一起，并且间接地教授给了他们这样一种"学科联结复习"的学习方法，从一定程度上促进传统文化的传承。

（二）以传承中华音乐文化为最高目标

在教学中，教师要把自己的目光放得久远，以传承传统文化为最终目标，使用多种教学方式进行授课，使学生对本土音乐产生兴趣，能够自己课下积极主动地去学习本土音乐的相关文化知识。①

---

① 李鹏飞.论音乐教育对本土资源的运用[J].高教学刊，2016（12）:97–98.

二、采用多种教学手段实施教学与教学案例分析

（一）单声部旋律改为多声部旋律

平常所听到的、接触到的本土音乐（如民歌、戏曲）大都是单声部旋律的歌曲，对于学生来讲比较易学，没有挑战性，当学生达成学习目标之后易感到枯燥，因此将单声部先改为简单的二声部，可以是加入几个音，也可以加入一段旋律，在学生刚开始接触的时候可能会唱不准，所以其修改后难易程度可采用循序渐进原则，教师可以引导学生学习完课本上的内容后，进行旋律不断深化，在黑板上展示部分旋律，并引导学生学习、演唱，这样既巩固了前面所学知识，又对其广度和深度进行了加深，同时多个声部的同时运用，使学生的音准、音高辨别能力得到了提升。

教学实践案例1：歌曲《沂蒙山小调》——教学设计

1. 导入环节

教师播放之前学过的歌曲《谁不说俺家乡好》，让学生对歌曲风格有一个初步的把握，为后面学习新内容做准备。

2. 展开环节

师：请同学们根据老师刚刚播放的歌曲，来描述一下自己的家乡。

生：我的家乡有大海、沙滩、海鸥。

师：根据刚刚同学们的描述，现在同学们听一下这首歌是来自我们祖国的哪一片大好河山。（播放歌曲）

生：这是山东民歌。

师：这是山东临沂地区的一首民歌，在这首歌曲里充分地体现了人们对沂蒙山深深的眷恋之情。

师：这首歌曲主要分为三段，现在同学们听一下这首歌曲有几句？

生：四个乐句。

师：现在我们把前四个乐句唱一下。

（学生唱前四个乐句的旋律）

师：在演唱的时候有没有感觉到歌曲的拍子发生了什么变化？

生：音乐中出现了两个节拍。

师：这种两个节拍的节拍形式被称为"变拍子"。请同学们自己加上歌词，在下面练习。

（学生自己练习中）

师：那么我们通过对第一段内容的学习，我们把第二段和第三段来学习一下，我们先读一下歌词，通过歌词感受作曲家的情绪情感。

学生有感情地朗读歌词。

师：第二段和第三段的旋律基本一致，现在我们直接跟着老师的琴声演唱第二段和第三段。

学生演唱第二段、第三段。

师：刚刚我们学习并且歌唱了这首歌曲，这首歌曲主要是单声部旋律，现在我们玩一个小游戏。老师将这首歌曲的单声部旋律改成了二声部旋律，我们现在分两组，每组负责一个声部，我们来进行一个小合唱。首先请每组成员熟悉自己所在声部的旋律。

学生熟悉旋律中。

教师组织合唱，由教师担任指挥。

通过《沂蒙山小调》的学习，由单声部旋律转为多声部旋律，使学生产生对学习本土音乐的浓厚兴趣，同时为学生带来一定的学习挑战性。

（二）对歌曲进行改编

在大多数学生的印象中本土音乐资源、传统音乐都比较难懂，好像离自己比较遥远，所以针对这种情况教师可以对歌曲作适当的改编，改编可以分多种形式，如：将传统音乐与现代音乐元素相结合。现在3—6年级的学生对流行歌曲比较感兴趣，我们可以将其二者进行适当的融合，但不要改变原始歌曲的韵味，可以将音乐作品的某一段进行改编，可以在引子部分，加入几个特别的音或旋律，但是这几个音或旋律是在原有音乐旋律的基础上加以改编的，给学生一定的新鲜感。因为有很多学生音乐素养较高，老师常常刚播放或演唱了第一句，学生就记起他听过这首音乐，并且这首音乐的大致结构都模模糊糊地在头脑中浮现，适度的改编可以让学生知道原来书上的歌曲也可以进行创编活动，从而使学生在心底萌发出好奇的小种子，促进学生的主动性与创造性发展。

教学实践案例2：歌曲《山东版茉莉花》——教学设计

导入部分：师：播放原版《茉莉花》，会唱的同学跟着音乐一起唱。

展开部分：师：刚刚听完这首歌曲，大家是不是都听过这首歌曲呀，今天我们学习山东版的《茉莉花》，让我们感受一下，同学们听完之后说一下《山东版茉莉花》与原版《茉莉花》有什么不同。（师播放音乐）

生：这首歌曲的歌词和原版的不太一样，然后有些地方的旋律也不太一样，刚才老师刚放音乐的时候差点没听出来是《茉莉花》。

师：这位同学说得非常好，因为是山东版的《茉莉花》，所以歌词进行了一定的改编，然后在旋律上，为了让同学们提高对音乐的敏感性，将部分音乐旋律进行了改编。现在读一下歌词唱一下旋律。

（师生读歌词、唱旋律）

师：刚刚同学们读完了歌词、唱完了旋律，现在我们把歌词填充到旋律里边，完整地来一遍，来，我们试一下。

（老师和学生一起演唱一遍）

师：刚才老师和同学们唱的是教材上为我们改变的，那么老师还为大家改编了一小段，让我们一起来听一下唱一下。

师：刚刚唱了一下老师改编的《茉莉花》其中的一小段，那现在请同学们试一下剩下内容该如何创编，可以前后小组进行讨论，就把第一乐句进行改编就可以。

（学生讨论改变中）

学习了山东版《茉莉花》，通过改编的音乐旋律及组织，提高了学生对于学习音乐的乐趣，从一定程度上发展了学生的创造力。

（三）多种音乐表现形式并用

使用多种多样的教学方式，可以烘托课堂气氛，而且学习的效果会比传统被动意义的教学更好。通过这样一个声乐与器乐的融合，从一定程度上增强了演奏同学的自信心，同时也给其他同学做了一个好的榜样，产生一定的激励作用。

教学实践案例3：歌曲《包楞调》——教学设计（片段）

导入：播放民歌《赶集》

师：这是一首高密民歌，整首作品充分体现了人们赶集时欢快热闹的场景。接下来我们学习我们的牡丹之乡——山东菏泽的一首民歌《包楞调》。

师：现在老师播放《包楞调》，然后告诉老师和同学们你觉得这首歌曲最突出的特点是什么。（播放音乐）

生：这首歌曲的歌词中"包楞愣楞"出现的频率最高。

师：这位同学听得非常仔细，这首歌的名字就叫作"包楞调"。

师：现在同学们跟着老师的琴声把歌曲旋律和歌词唱一下。

（学生唱旋律、读歌词）

师：这首歌曲的歌词与旋律非常有特点，现在跟着老师的琴声完整地来一遍。

（师生演唱中）

师：咱们班有的同学有一定的钢琴基础，我们请这位同学给我们伴奏，老师为大家指挥。

（学生演唱、老师指挥进行中）

师：刚刚同学们表现得非常不错，希望同学们多向这位同学学习，下节课我再找另外一名同学来进行伴奏，同学们做好准备哦。

教师引导学生学习演唱了《包楞调》，在课堂上将学生作为主体，让学生参与伴奏，不仅使得学生本人增强了自信心，而且也为其他同学树立了一定的学习榜样。

（四）师生节奏互动

通过节奏，学生可更近距离地走进音乐，了解音乐，因此，节奏的训练是非常重要的。每一首音乐作品都有它特有的节奏，在学生节奏打得基本无误的情况下，加入演唱，让学生边演唱边打节奏，同时各组同学演唱各自的声部并打出相应的节奏，使全班汇聚形成一个整体。

同时也可以引入奥尔夫音乐教学法的声势动作，学生可以充分发挥自己的想象力与创造性，伴着演唱学生可以离开座位用脚来踏出节奏，也可以用手拍桌子、拍腿等，在此过程中教师和学生一起做节奏互动。

教学实践案例4：歌曲《船工号子》——教学设计（片段）

导入：教师播放船工号子，并让学生聆听这首歌曲有着怎样的情感，在演唱方式上有什么特别的地方。

生：这首歌曲的情绪非常高亢激昂，在歌曲中语气词特别多。

师：同学们听得非常仔细，歌曲情绪高亢激昂，这些语气词是船工们在劳动时所发出的吆喝声，船工号子是劳动号子的一种，反映了船工们在劳动时一派兴致勃勃的景象，在我们青岛沿海地区船工号子的发展尤为深远，因为青岛的前身是一个小渔村，与船、打鱼等劳作活动息息相关。

师：现在老师为大家范唱一遍。

（师唱）

师：在刚开始上课的时候同学们发现歌曲中存在许多语气词，那么我们认识一下这些语气词及其节奏。

师：现在同学们看老师打一遍黑板上所画的节奏型。

（教师用拍桌子的方式击打黑板上的节奏型）

师：那么请同学们自己在下面练习一下黑板上的节奏型，可同伴之间一起合作。

（生打节奏）

师：刚刚我们使用手来打的节奏，那么除了用手打出节奏外，还可以怎样拍打出节奏？

生：还可以拍腿、跺脚，还可以好朋友之间互拍节奏

师：刚刚同学们回答得非常好，特别是同学之间互拍这个提议非常好，那么现在请同学们用你们自己的方式来拍出这两小段的节奏，老师和其中一位同学互拍，我们一起来玩节奏小游戏吧。

（师生互动拍打节奏中）

在这个案例教学中，充分利用了奥尔夫音乐教学法，使学生在学习过程中由被动变主动，激发其学习的主动意识。

（五）讲授法与真实影像资料相结合

讲授法是中小学最常见、使用最为普遍的教学方法。现在大部分中小学的教学设施、设备已逐渐趋于完善，特别是音乐课，要善于运用这些硬件设施，如多媒体。多媒体在学校教育中的使用使得课堂的教学模式逐渐多样化，为教师教学提供了便利，教师可使用多媒体等为学生播放、展示一些由民间艺术家或演艺团体表演的关于本土音乐资源的真实视频让学生获得直接体验，获得新的感受。

教学实践案例5：《绣荷包》教学设计（片段）

教师播放《绣荷包》，询问学生听完歌曲的感受。

生：这首歌曲感觉很欢快，让人听着很愉悦。

师：同学们回答得都不错，请同学们跟随老师打一下这首歌曲的节奏。

（师生打节奏）

师：我们打完节奏之后是不是发现这首歌曲的节奏比较欢快，现在我们读一下歌词。

（学生读歌词）

师：通过我们打节奏读歌词，那么我们现在跟着老师的琴声唱一下这首歌曲第一段的音乐旋律。

（由学生演唱第一段的音乐旋律）

师：请大家把歌曲的歌词带进去，节奏鲜明地跟随琴声演唱。

（学生演唱）

师：这是我们山东地区非常有名的一首民歌，许多歌唱家、民间艺人、团体都表演过这首歌曲，老师为你们准备了一些非遗传承人表演的一些视频资料，请同学们仔细欣赏，看看我们的前辈是如何演绎中华传统音乐、传承中华音乐文化的。

（播放视频资料）

讲授法是教学中最常用的教学方法，通过讲授法讲解真实的影像资料，可以让学生对学习内容形成更加深刻的体验。

（六）理论与实际相结合

课堂理论知识的学习要与实践活动相结合，虽然本土音乐资源内容的学习其外出实践受限制，也可在校内组织演出，如以传承中华传统音乐文化为主题的"小小民族音乐会"，邀请民间表演团体来学校组织演出，让学生真实地感受这种艺术氛围，更深层次的去体会本土音乐资源的魅力，使学生产生更多的心理体验。

在活动过程中，可以让学生近距离与这些民间艺人接触交流，去请教问题、学习经验，并安排学生演出，让民间艺人进行指导。

教学实践案例 6：《拾棉花》教学设计（片段）

师：就在刚才我们完整地把这首歌唱了一遍，在六一儿童节的时候老师要组织小演出，我们班组织演唱一首本土民歌，从我们之前学过的内容里选择，这样既巩固了前面学习的内容，又能增加同学们的舞台经验。

理论联系实际是课堂教学中一种非常重要的方法，使学生将课上学习的东西进行充分的运用，或者运用于实际，或者以其他方式展示出来，无论从哪种角度，学生都得到了发展。

三、进行多手段教学的实施意义

（一）学生层面

1. 使学生产生对于学习本土音乐的学习兴趣

在教学过程中采用多种手段进行教学，如将歌曲的旋律进行声部改编，对歌曲的内容及形式进行一定程度的改动等，能够提升学生对于不同声部的驾驭能力，由于演唱声部的不同，学生在演唱与学习多声部歌曲的过程中，多声部旋律的学习以及歌曲创造性改变可以使学生产生对于学习的新奇感，对于创造性的激发也有帮助。

2. 发展了学生的发散思维

在现在的应试教育中学生很容易形成思维定式，而通过多种音乐教学手段，如改编歌曲、加入肢体语言的节奏互动，能够使学生知道原来除了原始的"教师教唱、学生学唱"之外还有这么多学习音乐的小方法，从而点燃了学生内心创造性的小火苗，把这种具有创造性的发散思维也运用到其他学科的教学，打破学生的思维定式，使学生从一定程度上摆脱机械式学习，进行有创造性的学习。

（二）教师层面

1. 提升了教师的专业素养

在本土音乐内容的教学中，并不单单涉及一些普通的歌曲弹唱，中间加入了一些当地民歌、戏曲、民间器乐等，而且很多戏曲采用的调式不是西洋调式，而是一些民族调式，很多教师对其了解并不是很多，针对这些问题教师需要不断地去补充知识，将以往的知识捡起来，将不熟练且生疏的知识及时学习，内化到自身的知识库，在不断地练习中将其带入课堂，带给学生更直接的体验与感受，做好一个榜样示范者的角色，为学生提供高质量的教学。

2. 使教师的科学研究能力得到提升

在本研究中，教师置于一个研究者的角色，因为开发中小学音乐校本课程以及其中要选择哪些本土音乐资源内容来纳入音乐校本课程，这些案头工作需要教师们对每一首音乐作品仔细的研究，以及对音乐课程标准作深入地解读与分析，在音乐课程中运用相关的教育学、普通心理学、教育心理学等相关知识来进行理论分析。特别是课程开发的一系列程序中，都需要教师主动地去参与、创造性的开发课程，从而提升教师的科研能力。

第五章 我国本土艺术资源融入中小学艺术类课程的案例分析

第一节 晋北白氏剪纸应用于中学美术课程研究

一、晋北白氏剪纸与中学美术课程

（一）白氏剪纸概述

1. 白氏剪纸发展史

据历史考证，西周时期就有"剪桐封弟"的说法，因此在山西最早的剪纸雏形是玉圭图像。而晋北白氏剪纸的发源地位于山西省大同市灵丘县，同时还是赵武灵王胡服骑射的标志所在之地，其历史悠久、人杰地灵。白氏剪纸的出现大约起于唐朝，形成在明朝，成熟在清朝光绪末年，一直延续至现在。源远流长的白氏剪纸，不仅是晋北地区剪纸的代表，也是山西剪纸的奇葩与缩影。

相传在光绪末年，白氏剪纸的第一代传承人刘绪开始用剪刀剪纸，几日就能积数千对，逢春节出售一空。过了不久，他的剪纸水平便在县城周围小有名气，他剪的窗花图案逼真、样式丰富、裁剪细致，在1958年他参加了太原剪纸大赛，受到梅兰芳大师的接见与合影。

当时的剪纸艺术兴盛至极，在当地弋坡全村人无论男女老少都会剪纸，但后来因为科技水平以及经济条件的改善，人们对传统手工艺制品的需求逐渐减少，使得文化产业在当地处于弱势，致使众多剪纸艺人产生认识上的偏差，经济上的收入也大幅下降，从事剪纸创作的人员已寥寥无几，创作热情难以激发，濒危状况难以扭转。面对这一民间艺术的濒危，受团中央的大力支持，当地政府举办了多次民间剪纸才艺展，其中白氏剪纸的风格独具特色，在展会上得到了广大群众、各级领导的赞誉和重视。并将白氏剪纸列为市级非物质文化遗产，增加了传承人的信心，对创作有了更大的积极性，注入了新的活力。目前，白氏剪纸第四代传人白昱老师，因自小耳濡目染，继承了父亲白建国的剪纸事业，现于县文化馆工作，多次在全国美术展览上获奖，在剪纸艺术上得到各界领导的器重。曾在北京奥运会上，作为馈赠礼品迎接五湖四海的朋友，被不同文化背景的人们喜爱，促进了国际之间的友谊合作。

2. 白氏剪纸艺术特点

通常说的剪纸一般指民间妇女常用的一种生活艺术，她们的剪纸画样浑厚明快，图案形状已装在她们的心中。在过去，妇女们每到秋后入冬农闲时就开始翻弄这些样子做针线活了，不但要剪窗花，还要剪鞋样子，袜样子等等。而白氏剪纸的艺术文化与普通剪纸有着天壤之别，它的制作方法是刀镟，是艺人专门特有的美术工艺，一般没有绘画技艺，画不出样引来。其作品也不拘限在花草动物，而是更多地把传统文化的戏剧人物情节准确地描画出来，让世人公认欣赏。

在工具上它使用的不是剪子，而是类似箭头一样的镟刀。而刀的制作工艺更难，从锻打到剖刀，每一只刀都经过多道工序，而刀镟刻纸需用圆、斜、平、方角、菱角、梯形、等大小各类异，一副好的镟刀能镟穿五十到八十张的窗花，清渣利束，无毛刺，窗花刃口平顺整洁。没有一副好镟刀，毛发眼神和脸谱细冉就嵌不成。可以看出做一副好镟刀是白氏剪纸非常重要的环节。一套完整的刀具大概有大小镟刀几十种，大、中、小齐头刀五种，大、中、小凹刀四种，大、中、小圆眼刀三种。中间镂空的花纹就是运用镟的方法，镟是一种在纸上的镂刻。我们平时说的刻是用刀斜立并用，而镞是要求垂直下刀，刀刀相依，不留痕迹，但是镞刻的效果是剪子达不到的，这就是刀镞独特的艺术。

制作白氏剪纸的主要材料有宣纸、国画颜料和蜡版。对于纸张的要求比较高，纸张的质地要轻薄并且有韧性。第一张画样叫开脸，刀镞的画样精细，灵活，流畅，逼真。特别是戏剧人物、脸谱，开脸后的画样刻出来虚实形象，线条流畅，连点适宜，浑然一体，毫无断枝，如笔描绘、形象逼真。如开脸不好，镞完的窗花只能平看，拆装后提起来支离破碎，无法点染上色，就是废纸一堆。白氏剪纸的镞刻要求用力到位，一般只会剪纸的妇女做不了镞刻工艺，都由年富力强的男人来镞窗花。这就是白氏刀镞工艺与普通剪纸的根本区别，刀镞窗花质量与嵌刻刀功有很大关系，一个刀功好的艺人镞出来的人物毛发和脸谱匀细如丝，平整光顺，飘逸无乱。镞的过程必须一气呵成，中间断歇再镞就不匀了，眉脸走样变形。因此，要镞好窗花至少要有两三年的镞刻刀功。白氏剪纸不仅镞的精致，它的点染工艺也是一种民间染色艺术的传承，是使其中流传至今的一个独门绝技。因为原来镞出来的窗花剪纸都是单一颜色，是画墙围的画匠刘青潜心研究了染色、配色，使剪纸作品变得色彩绚丽，也体现出了白氏剪纸的独特之处。剪纸的制作流程是先进行开脸设计，再经过熏制工艺复制画样，通过刀镞的方式配合阴刻、阳刻，加以色彩冷暖的搭配用染色、套色等工序使得最后呈现出绚丽多彩、造型多样的剪纸作品，使得作品清新脱俗、别具一格。[①]

3. 白氏剪纸美术价值

白氏剪纸是珍贵刀镞艺术的传承，刀镞的手法更能形象灵活有机地描述中华传统文化。剪纸艺术主要呈现在民间文化的典故上，剪纸艺术的出

---

① 高蕊. 剪纸艺术引进美术课堂的教学方式研究 [J]. 造纸信息，2021（08）:73–74.

现使生活变得多姿多彩，它作为一种民间民俗节日的装饰，既是普通民众对未来美好生活的寄托，也是一种优秀传统民间美术的载体。

白氏剪纸的传承人白昱老师将白氏剪纸不断创新与完善，他不仅保持了其祖辈的创作手法，而且对其他剪纸的传统手法也颇有研究，通过自己的刻苦钻研将北方剪纸手法的阴刻和南方剪纸手法的阳刻相结合，让白氏剪纸的独特性更加鲜明。白昱老师的剪纸图案新颖，造型略微夸张独特，手法稳健不乱、条理清晰、着色灵活多变从而给作品增添了不少活力。其造型结构完整、刀刻不落，再加上丰富的色彩和细腻的刀工，有着强烈的装饰性和审美性。

其创作内容大多以群众熟悉的风景名胜、戏剧人物以及深受大家喜爱的现代花鸟人物为主，人物特征细致，色彩艳丽丰富。通过在设计、刻制、染色形式等流程上不断地进行探索，剪纸样式也从之前的几十种发展到现在上千余种。创作出了复刻和续染的新技法在艺术上走上了新的台阶。

（二）晋北白氏剪纸在中学美术课程中的重要性

1.白氏剪纸教学内容的选择与开发

当代中学生处在身心快速发展，认知能力不断提高的阶段，在对非遗白氏剪纸的教学内容设计中，要让学生保留有求知探索的欲望和学习白氏剪纸的兴趣。教学内容的传统技艺过于简单化、复杂化，也不适合中学生，因为太简单或太复杂的教学内容，容易脱离学生实际的生活背景，使得学生失去学习的兴趣，这是对白氏剪纸教学内容的选择与开发需要重视的问题。因此，对于白氏剪纸的教学内容的选择，美术教师在选择与开发适合的教学资源以及教学内容时，从新的角度来学习接受家乡的非遗文化，以学生的心理需求和认知能力为主，更加贴近学生的生活需求，提高学生的学习兴趣。要按照教育八大原则，使选择的内容既具有代表性又具有教行性，在通俗易懂的同时又富有创造性，"激发了学生对民族传统文化的学习兴趣，也会对民间传统文化充满强烈的好奇心。"通过对学生接受能力的评估，教师应选择适当的剪纸教学内容，以学生喜闻乐见的课堂教学方法为主，启发性地开展白氏剪纸实践教学，从根本上引领学生感知并接受中国传统民间艺术，弘扬家乡优秀的非遗白氏剪纸。

根据当地中学生对民间美术的学习与了解的情况发现在教学内容上大多还是文字性教学偏多，实践动手操作的太少，因此在对白氏剪纸教学内容选择与开发时要贴近学生生活，多开发一些有趣的动手实践类课程。鼓励学生在"做中学，学中做"带动课堂氛围，提高动手探索能力。通过对白氏剪纸的教学研究，融合多种学习方法和开放式的思维带领学生进行拓展学习，在这一过程中"提高学生的思维能力，增进学生对家乡传统文化的认同感与自豪感。"

2. 白氏剪纸与中学美术课程的联系

现行美术课程的划分标准体现在美术学科的学习活动方式，通过这一标准将初中美术课程内容划分为四个模块，普通高中美术课程划分为五个模块。对美术课程的划分设置，是为了使得课程更具有时代性和自主性。而怎样利用现代信息社会的大平台，来推动中学美术教育中非遗的传承与发展，是作为当代美术教育工作者要不断思考如何让优秀传统民间美术资源与美术课程融合，紧跟时代在创新中求得更好的出路。

关于中学美术教育的问题，早在《癸卯学制》中就提到以机器图和绘制地图为学习目的。后来通过鲁迅、蔡元培等人的发展，逐渐提高了美术教育的审美性和功能性。自新中国成立后，美术教育制度始终在推陈出新，不停地完善至今，与此同时民间美术也在不断地发展进步中，在当代美术的教育教学中有着一定的历史地位，从美术教材的编写中不难看出我国对传统艺术的重视，也更加注重中西方文化的融合。到目前我国的中学美术教育制度融入了大量的新鲜血液，教材中民间美术的比重在中学美术课程中不断地增加，更贴近文化与生活，促使中华优秀传统文化在不断的发展与完善。"扩大了民间美术教学的发展空间。"

因此，白氏剪纸作为晋北地区的优秀民间美术，无论是它的发展历史还是制作工艺、造型表现等与中学美术的联系都是相关联的，有交集的。通过学习家乡的民间美术白氏剪纸，可以使学生对自己的家乡文化更加了解，热爱家乡，并对中国传统民间美术有着浓厚的兴趣，促进学生的文化自信，使当地的美术教育更好的发展。

3. 白氏剪纸进入中学美术课程的意义

学校教育要贴近生活，把课堂教学融入日常生活中去，使课堂学习充满活力，调整学习模式，使课堂充满人文关怀。在实践教学过程中，学生和老师可以共同探讨，不要让学生对教师产生距离感，保持一种平等的关系，学生可以发表自己的观点和教师进行平等的沟通，共享知识，促使美术教育与学生生活进一步的融合。

在科学技术快速发展的信息化社会中弘扬传统民间文化的任务尤为重要，在以提高文化自信为背景的美术教育中，"增加优秀民间美术的教学任务也变得尤为重要。"晋北白氏剪纸教学能够强化学生在实践过程中的认知，进一步了解家乡的民间美术，在传承和弘扬中国传统文化的过程中变得轻松起来。在民间美术教学资源的选取上主要以大家较为熟知的家乡民间美术为主体，更好的贴近学生生活。通过教师的引导去了解现代社会对传统民间美术的需求和改进，"进一步培养他们在美术学科学习过程中的核心素养"，引导他们提出具有建设性的意见与发展规划。尹少淳教授认为，中国美术教育应建立自己的阐释系统，"这也是美术教育接下来应该努力的方向"。在中学美术教育中，教师首先要提高自身对中国传统民间艺术的了解，再结合生活引导学生学习我国的传统民间艺术。通过教师和学生的共同努力，对中国传统民间美术的发展充满信心。

二、晋北白氏剪纸在中学美术课程中的现状调查

（一）白氏剪纸在中学美术教学现状调查分析

1. 以灵丘一中和黑龙河学校为例的问卷调查

为了解晋北地区中学生对民间美术以及白氏剪纸的认识情况，笔者以两所不同地势、不同学段的中学灵丘一中和黑龙河学校分别进行问卷调查。调查主体是教师和学生，针对教师、学生们对民间美术的观念认识以及了解程度、教学情况等进行调查研究。

以大同市重点中学灵丘一中为调查代表，其研究价值较高，因此笔者对该校高级中学学段的100名学生进行了问卷调查。其中感兴趣的学生有65名，只有11名学生对民间美术不感兴趣。在对民间美术的了解途径一题中（多选），发现有76名学生是通过现代网络电视、52名学生是通过春节文化活动、22名学生是通过参加民间美术展览，只有21名学生是通过翻阅民间美术书籍了解的。从以上调查可以看出大部分学生对民间美术是有学习兴趣的，但是对于民间美术的了解途径大都是通过现代网络电视的途径。而听过白氏剪纸的只有7名同学，对于参与调查的10位教师都没有听过白氏剪纸，更不了解白氏剪纸的艺术风格，但是非常愿意把白氏剪纸引入课堂并觉得十分有意义，而也有74名学生愿意尝试学习白氏剪纸，通过以上调查分析出学生对传统民间美术认知度不够，美术课里有剪纸内容的只有16名学生。其中79名同学提到所在学校没有开展过剪纸的教学活动。由此可见，白氏剪纸甚至民间美术在重点中学并不是很受重视。

笔者以大同市灵丘县的一所公办九年寄宿制学校黑龙河为对象进行调查，调查学段为初级中学，分别对10名教师进行了问卷调查，其中6位教师表示知道或听过白氏剪纸，但对于其艺术风格和制作工艺不太了解。不过他们都认为把白氏剪纸带入美术课堂，开发更多的传统美术课程非常有必要。然后对该校的100名学生进行了问卷调查，其中只有41名学生表示很感兴趣，50 名学生觉得一般。而对家乡传统民间美术类型了解的只有 10 名学生。然后又整理了学生对晋北民间美术的了解情况，知道剪纸的学生就有 90 名，听过白氏剪纸的有 32 名，愿意尝试白氏剪纸的有 61 名，了解到美术课里有剪纸内容的有 53 名学生。因此可以看出师生们对白氏剪纸的了解程度还是比较高的，开发课程的积极性也很强烈。

2. 现状问题分析和对策研究

通过对两所不同学段、不同地势的中学问卷调查，从调查结果来看，分析到村镇中学的黑龙河中学的教师和学生知道白氏剪纸的占比大，反而在城镇的重点高中学生们对于这一民间美术并不了解甚至没有听过。从整体上不难分析出重点中学的学生对于民间美术的认识与了解上有不同程度的缺失，反而在乡镇中学的学生对于民间美术的了解程度更高，也充分说明民间美术在乡村的出现比较多，城市里的学生接触比较少。而且通过调查发现有关家乡民间美术的教学与传承在当地中学开展的不多。综合以上两个学校的调查结果可以得出以下结论，多数教师和学生对于白氏剪纸了解得不够，民间剪纸艺术的内容在课堂的占比很低，基本没有运用到美术课堂上，学校基本上都不是很重视关于民间美术类的教学活动。但是在调查中发现大多数学生对该课程的期待还是很高的。教师和学生对本土民间美术出现在美术课堂充满热情，从而对本次研究起到了积极的作用。根据笔者了解到的初中美术课堂的实施情况，得知初级中学在美术课内容的安排上也有剪纸，但是一个学期的美术课程中能涉及民间美术的也只有一到两节，主要也是老师讲授为主，并不能做到动手实践。对于学生作品的展示平台形式仅限于校园艺术节、书画比赛等校内活动，调查中有教师说："关于民间剪纸的校内教材以前有，目前好几年没有见了，平常就自己简单讲讲。现在的家长包括学校主要都以文化课为主，以成绩为主，美术这种副课都不重视。"可以看出教师的无奈。在晋北地区进行问卷的两个中学 200

份的有效问卷中可见民间美术在中学生的美术教育方面实施并不完善，在学生的认识中还没有形成一定的影响。而对于学生对白氏剪纸的认识了解、兴趣培养和课程实施都有待于进一步探究完善。

笔者认为当地教育部门以及学校长期以来对美术课堂的不重视，导致中学校本美术课程没有被开发挖掘，而白氏剪纸独特的造型艺术，制作的精美绝伦，使得学生表现出对艺术的天然的亲近，这是白氏剪纸走进校园的必要条件和有力基础。从调查的结果来看，晋北地区的这两所中学，无论教师还是学生对白氏剪纸的认知情况不是很好，但是对民间美术的兴趣很强烈。大多数中学生对于白氏剪纸的认识不足，就好比中学生们也许和你谈论起游戏、动画来滔滔不绝，但是对于自己家乡本土的民间艺术却不了解。因此可以看出，白氏剪纸在青少年的土壤里不仅没有变得肥沃，反而越来越萎缩，所以要重视对本土优秀民间美术白氏剪纸的大力宣传与课程资源开发。

（二）晋北地区中学美术课程资源调查分析

1. 现行中学美术教材中的剪纸元素

笔者对进行问卷调查的两所中学的美术教材版本都是湖南美术出版社（以下简称"湘美版"），"这版美术教材从1992年开始，就将民间美术的内容编写在册，可以看出对中小学民间美术教学还是比较重视的。"在民间美术教材的编排上也有着一定的代表性。比如，湘美版初中美术教材对于民间美术剪纸涉及的内容主要有《民间剪纸》《中国结》以及《灯饰的创意》和《过大年》分别安排在七年级上册的第五课和下册的第六课以及九年级的第八课。在《灯饰的创意》一课中，提到了以民间剪纸造型特点为装饰纹样的灯饰设计，在《过大年》中描绘并讲述了陕北农家窑洞贴窗花迎新年以及各种形式的民间剪纸。

通过对湘美版中学美术教材的分析发现对民间美术中的剪纸教学的研

究相对是比较完善的，基本涵盖了每一个年级段，每学期都有一到两节民间美术的学习，但是其中有剪纸元素的课程只有一至两节，而作为我们当地本土的白氏剪纸更是没有。因此开发白氏剪纸的教学资源在当地中学美术课程里有着非常重要的时代意义。

2.中学美术课程资源的现状

美术课程标准要求教师通过教学，让学生在课程标准要求的情况下，认识各类型的人类文化知识，进一步了解美术学科的特征，提升对中国传统文化的热爱。义务教育美术课程通过对教学课程思路和方法的改进，来提高学生美育的教学观念。

湘美版教材中涉及民间美术的部分都是以切入式的方法进行课程安排，这些民间美术形式基本都是学生在日常生活中能接触到的，它和我们的生活密不可分，为生活增添了色彩。例如，七年级上册"设计·应用"领域中，把民间美术内容安排在了第五课《民间剪纸》和《中国结》两个部分里，通过学生亲自动手设计剪纸并了解传统的剪纸艺术形式，使他们对老一辈的民间艺人如何制作剪纸有了最基本的了解，并在此基础上学习制作剪纸。让学生在学习后能深刻感受到纹样可以让生活变得艺术化，在学习传承的过程中也可以保留民族传统的审美艺术和文化内涵，通过对课堂的学习提高当地民间美术的艺术价值使其美术课程得到充分的扩展。

但是在晋北地区使用湘美版的教材在贴近学生生活上还是有一定的差距，现存的状态是课程资源不够贴近当地学生生活，本土课程开发较少，比如民间剪纸的课程内容里就可以把白氏剪纸编排进去，这样教学起来有之前的铺垫，在不脱离美术课程背景的情况下开发了新的课程资源，丰富了美术课程，弘扬了家乡民间艺术，把民间美术真正的带入生活中来，激发学生的积极性。

3. 中学美术课程资源开发的重要性

2020年10月15日中共中央办公厅、国务院把中小学生的美术、音乐、书法等艺术类课程纳入了学业要求当中，为了弘扬中华美育精神，提高学生的人文素养，提出要将艺术类科目纳入中学的考试范围。全面培养学生的德智体美，在人才培养的过程中，将美育纳入各级各类的学校教育当中。

因此看出中学美术课程资源的开发既能强化中华优秀传统文化，又能增强学生的文化自信。将白氏剪纸与课程教材结合的同时，应该去了解和挖掘这种民间艺术中所包含的中华美育精神以及它丰富的美育资源。把中学民间美术课程与社会实践和校园文化建设充分有效的结合起来，进行围绕以美育为主题的教育教学和实践活动。应该大力开发民间美术资源以充实丰富中学美术课程，推动本土的、与生活相关的民间文化，培养中学生成为综合发展的优秀新时代青少年。

三、晋北白氏剪纸在大同市黑龙河学校的应用案例分析

（一）教学目标与教学计划的确立和设定

1. 教学目标的确立

通过开展传统民间美术和白氏剪纸相结合的教学活动，更深入地了解到家乡本土剪纸的历史背景、发展方向以及艺术特征等知识。让学生发挥自主能动性，以团队合作的方式创作出属于学生自己审美观念的民间艺术品，提高学生对于民间美术传承和发展的思想感悟。因此，选取白氏剪纸这一优秀民间美术进入当地中学校园，并不是通过单纯的几个课时来培养出非遗的传承人，而是在学习的过程中认识这一优秀的民间文化，了解中华传统文化，从而提高文化自信。

"美术课程的教学目标可以分为知识与技能，过程与方法以及情感、态度和价值观三个大的层面。"知识与技能，主要是掌握白氏剪纸这门艺术的发展背景和艺术特征。通过对白氏剪纸的色彩和造型等方面赏析，了解其剪纸作品的基本技法。过程与方法，是通过课外调查访问和课堂的教学活动，归纳出晋北白氏剪纸的艺术特征和表现手法，还能够参与到剪纸的创作和制作活动中去。情感态度价值观，主要是为了转变学生对自己家乡民间艺术的看法，培养他们对家乡民间艺术的热爱，提高他们对家乡民间艺术的兴趣，增强学生对晋北本土文化的认知，让学生对中华民族优秀传统文化的传承与发展充满信心。

2.教学计划的设定

通过对不同美术课程学习活动的分析，义务教育美术课程将："设计·应用""造型·表现""欣赏·评述"和"综合·探索"这四个课程划分为四个不同的学习领域。这四个学习领域在教学内容上有各自的方向，存在着明确的区分，其中从对民间美术教学的角度来定义四个学习领域。首先"造型·表现"，主要是对制作方法以及造型表现特点的学习。然后"设计·应用"，倡导学生利用参观、访问等方法学习民间民族传统绘画纹样、手工艺品，了解中国传统民间工艺，尝试自主设计应用。其次"欣赏·评述"，主要是对我国民间优秀美术作品进行鉴赏与分析，提高审美能力。搜集风格迥异并有地方色彩的民间美术作品，针对现在国产动漫中包含的民族元素进行赏析和讨论。最后"综合·探索"，主要是对一系列的传统节日开展探索、设计与综合展示活动，其目的是让学生深入感受到美术与传统文化之间的密切联系。这四个学习领域的不同使得义务教育的美术课程有了一个开放式的教育结构，相互独立又相互依存。

笔者以亲身接触以及对该校中学生问卷调查结果分析为依据，已有了初步的了解与认知，从而制定出一套适合学生学习规律和兴趣浓厚的教学计划。该教学计划，以黑龙河学校七八九年级为例，共分为5个课时，"造型·表现"模块设置1课时，课题名称为《走进家乡"非遗"白氏剪纸》主要以对家乡白氏剪纸的发展、制作及艺术特点为教学内容，进行系统学习。"设计应用"模块，课题名称为《白氏剪纸的制作》通过老师讲解以及邀请非遗传承人面对面的实践教学活动，学习白氏剪纸的基本制作技法并尝试运用创新力让学生自主进行剪纸创作。该课题内容涉及比较广泛，制作工艺相对复杂，因此选取 2 课时进行授课。"欣赏·评述"模块，安排 1 课时，从白氏剪纸的风格造型、取色用色、表现方法等艺术特点与西方著名画家马蒂斯剪纸进行赏析，了解两种不同历史背景的剪纸流派。"综合·探索"模块，计划采用 1 课时，课题为《白氏剪纸与工艺品的融合》，通过多方渠道收集到的白氏剪纸与现代工艺品相结合的作品，开阔学生眼见，引导学生进行综合探索研究。

（二）以大同市灵丘县黑龙河学校为例的教学方案

1.案例一"造型·表现"——《走进家乡"非遗"白氏剪纸》

（1）基本信息

课题名称：《走进家乡"非遗"白氏剪纸》。

课时：1 课时。

试用学段：七、八年级。

教学准备：PPT 及相关资料。

教学方法：启发法、讲授法。

（2）课程目标

通过多媒体播放图片的形式使学生了解白氏剪纸的发展历史、产生背景以及表现形式。"让学生更直观的去感受白氏剪纸独特的艺术魅力，从而激发学生对白氏剪纸的学习兴趣，培养他们对民间美术文化的喜爱之情"。

（3）教学目标

知识与技能：了解白氏剪纸的传承历史，文化背景以及其制作的独特之处。

过程与方法：通过老师讲解与播放图片、视频，让学生感受剪纸的独特之美，感观上的视觉盛宴，对白氏剪纸有更直观、立体的感受。

情感态度与价值观：感受家乡剪纸代代相传的传承感与自豪感，提高学生对家乡白氏剪纸的认知高度。

（4）教学重点、难点

教学重点：从白氏剪纸的文化背景和艺术特点等方面来引导学生学习探究。

教学难点：通过对白氏剪纸的艺术特点和造型工艺的学习，感受并领悟其带来的浓厚地方民俗特色。

（5）教学过程

第一阶段，情景导入

以中国传统节日春节为导入，列举春节民俗文化活动，从而引出贴窗花、做剪纸的民俗文化。找一些欢快的背景音乐，带领学生将课前收集到的剪纸作品张贴在窗户的玻璃上，把欢乐喜庆的春节活动放在课堂上，以图片欣赏和老师讲解来引出家乡的白氏剪纸。

第二阶段，学习赏析

老师通过从白氏剪纸的色彩形式、造型特点、内容表现等方面的讲授，让学生对白氏剪纸这门艺术有了更进一步的认知。能够感受到白氏剪纸点染与刀镂的独特魅力，以及融合阴刻与阳刻的独特创新手法。

（6）教学评述

你看了白氏剪纸有什么感想？

白氏剪纸的种类？

白氏剪纸与其他地区剪纸不同的艺术特征？

白氏剪纸和民俗活动之间有什么联系？

（7）设计意图

该课程开设在春节前后，学生在春节前后会多少接触到生活中的民俗文化，从而发现剪纸的特殊魅力，在节日的前提引导下不仅活跃了课堂的气氛，而且贴近生活使学生更容易掌握剪纸的历史背景以及艺术特点。

（8）课堂总结

通过本课的学习，大家对白氏剪纸这门民间艺术不仅有了新的认识，还对它有了学习和研究的冲动，对于它的历史背景、发展现状以及独特的艺术魅力有了更系统的认识。作为拥有民俗文化的白氏剪纸，我们会深刻感受到它的重要性。

（9）教学反思

想要让学生能够全方位的了解白氏剪纸的艺术性和功能性仅依靠老师课堂上的讲解是不够的，还需要我们去组织实践活动，走访民间艺术展馆，通过对剪纸传承人的实地调研，多种方法的配合来使学生切身感受剪纸的魅力。

2.案例二"设计·应用"——《白氏剪纸的制作》

（1）基本信息

课题名称：《白氏剪纸的制作》。

课时：2课时。

试用学段：七、八年级。

教学准备：PPT及相关制作材料。

教学方法：情境教学法、讲授法。

（2）课程目标：通过上节课对白氏剪纸的学习，在此基础上向学生展示白氏剪纸的制作工艺。学生自主构思、设计剪纸艺术作品并动手制作出来，通过亲手设计、制作剪纸的教学环节，掌握剪纸制作基本过程，增强实践动手能力。

（3）教学目标

知识与技能：能够区分阴刻和阳刻的区别，了解刀镞、染色和套色的基本工艺，明白白氏剪纸制作的要点和难点。

过程与方法：通过非遗传承人的现场制作，使得学生在剪纸的制作中有了更多的理解，自主的感受和独特的认识，并尝试根据自己的创作意图选取合适的图案并制作。

情感态度与价值观：锻炼学生的动手能力，让他们自己动手制作和感受传统剪纸制作工艺的流程，体会到制作的艰辛，从而增强对非遗白氏剪纸的热爱与保护。

（4）教学重点、难点

教学重点：设计制作一幅主题突出、内容丰富的剪纸作品。

教学难点：剪纸作品主题形式的合理设置。

（5）教学过程

第一阶段，复习导入，知识回顾。

教师通过对之前《走进家乡"非遗"白氏剪纸》课程的复习回顾，并通过直观性教学原则展示 PPT 图片、视频和现场请教非遗传承人教学向学生展示白氏剪纸的基本概况及制作流程，以此导入新课内容。

第二阶段，课程讲授，工艺分析。

由非遗传承人现场制作剪纸，向学生更好地展示这一工艺。教师向学生提问白氏剪纸的造型特色、工艺制作等相关问题。学生先做回答，然后老师再进行概括和总结，还要根据开始设计好的图案进行剪纸教学，请学生上台与传承人老师参与互动，更直观的展示制作过程。根据白氏剪纸较为特殊的制作工艺，从画图设计到刀镞染色等步骤做详细讲授。

第三阶段，剪纸制作。

对于一些在制作过程中遇到困难的学生给予适当的帮助辅导，对于学生制作的不足之处及时指出并讲解。

第四阶段，作品评价。

教师先请学生自我评价然后再进行小组之间相互评价，之后再请每小组选出一位代表上台依次展示自己的剪纸作品，阐释其作品的创新点、设计心得等。将学生的剪纸作品贴在黑板上请其他学生运用上节课所学内容对作品谈谈自己的看法和喜欢或不喜欢的理由。

（6）教学反思

由非遗传承人亲临课堂现场展示，能给学生增添一定的新鲜感，促进学生学习的积极性，让学生们更好的感受到了白氏剪纸的独特性，体会其制作的乐趣。但是想要镂出一副完整的剪纸作品，还需要学生们课后的练习与巩固，而且受非遗传承人时间等不定因素，课程开设时间不能固定，需要老师或学校提前沟通联系，增添了些许不便。

3.案例三"欣赏·评述"——《白氏剪纸与马蒂斯剪纸的艺术赏析》

（1）基本信息

课题名称：《白氏剪纸与马蒂斯剪纸的艺术赏析》。

课时：1课时。

试用学段：八、九年级。

教学准备：PPT及相关资料。

教学方法：讨论法、启发法。

（2）课程目标

利用多媒体辅助教学让学生初步了解白氏剪纸和马蒂斯剪纸，并在其造型表现和艺术特征进行对比分析，领悟中西方不同艺术的魅力。掌握两种艺术风格的造型表现，从而思考白氏剪纸今后的创新发展。

（3）教学目标

知识与技能：分别对白氏剪纸与马蒂斯剪纸的艺术风格进行学习掌握，并能够对其特点做出阐释。

过程与方法：通过对两种剪纸的对比学习，使学生了解不同文化背景下的剪纸作品，并相互借鉴学习。

情感态度与价值观：提高对本民族传统艺术的保护意识，加强学生的文化自信。

（4）教学重点、难点

教学重点：引导学生欣赏白氏剪纸和马蒂斯剪纸，分析它们的造型艺术表现。

教学难点：对两种造型表现、色彩运用、文化背景、艺术手法完全不同的剪纸作品进行对比分析。

（5）教学过程

第一阶段，新课导入。

采用 PPT 的图片演示法，选取两种艺术作品的代表作，让学生用欣赏图片的方法来逐渐发现它们的造型相同点和不同点。

（6）设计意图

学生在前面的学习当中对白氏剪纸这门艺术已经变得不再陌生，当老师再加入一个西方全新的剪纸风格后，学生们首先会觉得没有关联的两种剪纸作品，怎么能产生对比研究呢？因此，带着这种疑惑能让课堂气氛活跃起来，让学生轻松地掌握课程内容。

（7）教学评述

看完马蒂斯剪纸的作品后有何感想？

两种类型的剪纸有什么相同之处吗？

白氏剪纸的造型特征？

你觉得我们的白氏剪纸和马蒂斯剪纸在造型色彩上分别都有什么关系？

设计意图：通过问答的方式，让学生对白氏剪纸有基本的认知，并学会比较分析。

（8）课堂总结

这一节课我们把家乡的传统非遗艺术和西方的马蒂斯剪纸对其造型和色彩表现上进行了对比分析。使我们更了解了白氏剪纸的艺术特征，同时深切体会到不同文化背景下的剪纸艺术，都有它的不同之处。通过深入的了解，更能感受到剪纸艺术是中国优秀传统文化的重要载体。

（9）教学反思

通过本课的学习内容，让学生对这两种不同的艺术风格有了自己的见解，但是如果让学生对作品的造型表现认识到一定的艺术层面，是课堂中一个课时教学无法完成的，需要学生多去接触学习，通过日常生活当中的了解去掌握丰富的艺术表现形式，才能真正地来进行对比学习。

4. 案例四"综合·探索"——《白氏剪纸与工艺品的融合》

（1）基本信息

课题名称：《白氏剪纸与工艺品的融合》。

课时：1课时。

试用学段：八、九年级。

教学准备：PPT 及相关资料。

教学方法：讨论法、启发法、演示法。

（2）课程目标

通过对本课的学习，让学生结合家乡白氏剪纸的造型、配色等特点在日常生活中收集和发现这一类型的工艺品，然后设计出与剪纸有关的工艺作品，既不失民间剪纸的韵味，又有它独特的功能性。

（3）教学目标

知识与技能：通过综合探索学习可以让学生自己设计创作白氏剪纸与工艺品融合的思维图纸，并在有条件的前提下把它制作出来。

过程与方法：让学生去参观手工艺园区，从多个渠道收集相关知识，以及播放视频图片进行拓展思维。

情感态度与价值观：为了使白氏剪纸得以推广，制作出各种大家喜爱的工艺品，学生可以参与进来，通过自己对白氏剪纸的理解和学习，表现出自己独特的艺术手法，用此活动来激发学生对传统文化的传承感。

（4）教学重点、难点

教学重点：培养学生独立创作的能力，学会把生活中的工艺品元素与白氏剪纸相结合，创作出新鲜、雅观、有时代感的工艺作品。

教学难点：在把传统剪纸与工艺品结合的过程中需要学生掌握大量的资料并善于开拓思维、大胆创新。

（5）教学过程

第一阶段，新课导入：工艺品自古以来都深受大多数人的喜爱，在当今社会，被很多人接受或喜欢，它把实用意识与纯艺术两者进行了融合。因此我们也可以尝试把剪纸与现代工艺融合起来产生出新的工艺品。

第二阶段，新课讲授：生活中很多工艺品与我们的生活联系密切，通过老师带来的相关资料和现代工艺样品，来介绍它们的造型与功能。课程中来深入了解白氏剪纸与工艺品的联系，从不同的角度、不同的设计风格来选择其款式和配色。

第三阶段，设计操作：以老师带来的白氏剪纸工艺品"团扇"为样本，以小组为单位，合作探究，让学生再度对白氏剪纸工艺品进行设计、创新，设计出有童趣、有新意的作品。

（6）教学评价

要求学生从设计对象的作用、审美、材料等方面来构思，白氏剪纸与工艺品造型相结合的设计命题不能太大。

（7）教学反思

在学习和设计的过程中，遇到问题可以使我们带着问题去学习思考，通过对问题的解决来更加全面的了解白氏剪纸的造型特点、配色方法等。可以带领学生去到剪纸工艺园区或剪纸展览室进行参观，发现更多这一类型的工艺作品，进行思维拓展。

（三）白氏剪纸在中学美术课堂的教学反思

1. 教学中取得的成果

白氏剪纸作为民间珍贵的美术资源，要不断去学习和利用。通过开设这门课程不仅开拓了学生在艺术领域的眼界，同时还锻炼了学生的动手能力和审美能力。学生对白氏剪纸的刀镂方法、点染取色以及阴刻阳刻相结合的制作工艺有了进一步的认识，这是区分与其他地区剪纸的主要特点，是白氏剪纸特有的艺术特征。比如前面教学案例一所讲的《走进家乡"非遗"白氏剪纸》，让学生通过了解白氏剪纸的种类和背景从而去主动收集相关资料，达到了不错的效果。生活中有不同种类的剪纸可以让学生去收集，比如过年的时候看到的剪纸，类型各异、丰富多彩。通过这种教学模式可以让学生对剪纸产生更深入的了解，感受剪纸的多样性以及与生活的联系。

白氏剪纸在黑龙河学校的课堂应用，再结合对传统教学模式的完善，既增进了当地美术的校本课程，又从多个角度提升了学生的综合动手能力以及鉴赏能力，而且还使得美术课堂变得丰富有趣。在教学的过程中，学生可以分成学习小组来讨论，把课下收集的剪纸图样分享出来进行沟通和再度创作，通过合作可以把自己和他人的想法结合起来，从而可以拓展思维还可以迸发出更多新的学习思路和创作意图。

2. 应用教学中存在的问题

第一，美术学科在学习的过程中和其他学科存在一定的区别，因此可以看到有些美术课程资源中出现"非遗"案例，这说明老师们会经常学习和了解"非遗"的表现形式，希望通过美术课堂教育把"非遗"的知识传授给学生，让学生体验和掌握里面的内容。但是由于多数"非遗"的技巧很难掌握，需要长时间的练习，有的甚至得手把手的教学才能获取这些"非遗"的技艺。所以存在着较大的学习难度，尤其对于学习时间有限且年龄比较小的学生来讲，"非遗"的技艺更是难乎其难，想要得到传承，更是需要大量的训练时间。从现如今的美术教育而言，有限的教学条件和教学时间都是影响其发展的客观现实。

第二，美术课程从开设以来，常被占课不被重视，再加上学校教学设施不完善造成教学效果不理想。通过社会调查，大多数学校已经具备了开设剪纸课程的能力，这些学校虽然已经开设了这门课程，但是开课率不高，对课程的重视度也不够。认为美术学科不是考试科目，觉得无关紧要，美术课堂甚至经常被其他主课所替代，导致学生对美术课堂的学习内容缺失严重。

第三，在社会上有些人就是单纯的爱好，喜欢剪纸艺术，而更多的人是为了生活才去学习剪纸，为了赚取点收入。而对于课堂上的学生来说这就是一门课程，所以学生对剪纸教学的兴趣也是因人而异。出现这样的情况也可能是教师在教学过程中顾及不到部分学生对剪纸的感受，学生就会因此而失去兴趣。

3. 针对存在问题的解决策略

白氏剪纸今后的发展是剪纸传承人和我们教师共同的责任，不仅要遵循新课改的要求加强美术课程的课时，还要去培养学生对美术课堂的兴趣以及剪纸文化学习的积极性。当代中学生日常学业繁多，通过美术课堂引入学习白氏剪纸的时间是有限的，但是作为教师应当明确引入该民间美术进入课堂并不是要培养一批非遗传承人，而是为了加强对本地域的文化特色的学习。通过引导学生学习白氏剪纸来提高其文化自信、文化自强。因此，教师可以通过有利的本土资源来引导学生感受和学习剪纸文化，提高学生对传统文化的热情。也可以安排教师去参与一些剪纸活动和培训。针对教师习惯的教学模式可以做一些调整，多去了解学生感兴趣的内容，不再是老师单纯的讲，会让学生产生一种学习疲劳。教师可以组建剪纸兴趣小组，让大家加深对剪纸的了解，让学生对学习剪纸艺术更有积极性。在课堂实践中可以鼓励学生制作有意义的剪纸实验，提高学生的动手能力，开发学生的创作热情，培养学生灵活多变的创新能力。

（四）白氏剪纸在今后中学美术课程中的发展

1. 当地教育部门门对白氏剪纸的重视

要想真正把白氏剪纸开发为中学美术课程资源，必须依靠当地的教育部门，提高对白氏剪纸的宣传力度，鼓励学生学习、保护家乡非遗，扩大白氏剪纸的影响力，打造学校美育的新理念。"针对农村部分学校美术师资薄弱的情况"可以建立教师共享的机制或录制视频网课教学，共享在线教学等多种学习方式。要加强对家乡白氏剪纸的宣传，"加强学校美术教师的培养，把教师的想法集中起来加以研究，让更多的中学生接触了解到自己家乡的优秀民间美术。"也可以通过与相关专业机构的合作，鼓励社会文艺工作者和非遗传承人向当地学校提供教学帮助。

学校要丰富艺术实践活动，带领学生去到白氏剪纸非遗展示场所体验学习等实践活动，以弘扬本土优秀传统文化。在条件允许的情况下，学校可以组织学生去参观民间美术和剪纸展览等地方，观看并收集一些优秀的剪纸作品，也可以让学生自己上手体验，使得学生更加了解家乡的传统文化，并感受这些优秀的民间文化艺术的魅力。

2. 白氏剪纸校本课程的完善

新中国成立以来，中国教育事业就本着扎根于广袤大地，托举着民族复兴的教育目标。"在素质教育的背景影响下，美术学科受到了越来越多的重视，培养学生自主创新精神，提升文化自信显得尤为重要。"白氏剪纸课程在当地中学的开设，可以使家乡的非遗艺术更好的传承发展，利于中华优秀传统文化的弘扬。根据黑龙河学校美术课程的开设情况，再结合美术课程标准，制定出一套比较完善的白氏剪纸美术校本课程。在晋北地区初中美术鉴赏的教材里，七年级上册的第五课把《走进家乡"非遗"白氏剪纸》安排一个课时，给民间剪纸课程作为一个扩充。有了学生在之前《民间剪纸》一课中接触的中国民间剪纸的种类和现状的铺垫，学习《走进家乡"非遗"白氏剪纸》这一课就会变得轻松很多，起到前后呼应的效果，便于学生更好的学习与接纳。

白氏剪纸在当地中学美术课程中应开设为常设课，发展校本课程，努力成为当地教育的一大亮点，不断优化课程体系的编排，可以组织一批优秀教师来进行整理归纳出一套属于当地的剪纸校本课程。在校本课程内容的选择中，首先要注重文字内容，要贴近学生的语言环境，避免枯燥乏味。其次要有新颖的版式设计，"让学生能够耳目一新，激发其学习兴趣"。还要结合学生的动手能力和造型表现能力以及对事物的认知水平来进行校本课程教材的编写。

第二节 "花儿"在小学音乐课程中的应用

本节对学生的音乐素养，对"花儿"的掌握程度、学习兴趣，教师对这一教育现状的看法进行了相关调研。由于"花儿"是流行于甘肃、宁夏和青海等地区的山歌，为了对"花儿"有更加直观的了解，本章将以该地区某小学为例。笔者在学校课程安排下借用了三节音乐课进行教学实践，观摩了一节教师授课，以下是对问卷和访谈、教学实践及听课记录的整理与分析。

一、"花儿"教学实践

为了更加直观感受"花儿"对第一课堂起到的教育辅助作用，笔者在

2019 年 9 月—10 月期间根据观摩学校的课程安排，走进了音乐课堂进行教学体验，以国家义务教育课程标准为课程设计依据，从花儿的各类艺术属性角度着手，分别安排了高中低三个年级的音乐课进班试讲，根据不同年龄段的接受程度与音乐素养差异，在音乐性、文学性、人文性三个层面设计了三堂富有针对性的音乐课，把"花儿"充分与音乐第一课堂、古典文学和思想教育品德融合挂钩，以实践来充分说明"花儿"，以第二课堂的形式走进校园对第一课堂起到教学辅助作用。

（一）1—2 年级学生音乐课堂

学习目标：《园子里的绿韭菜》。

授课班级：二年级二班。

教材分析：《园子里的绿韭菜》是该校校本教材《绽放的花儿》中的一首歌唱曲目，该曲为四二拍，F 调，乐曲旋律简单动听，歌词生动活泼。[①]

教学用具：钢琴、多媒体。

教学课时：40 分钟。

1. 教学目标

情感态度与价值观：通过学习这首《园子里的绿韭菜》丰富了学生的情感价值观，培养对生活乐观向上的积极态度。

过程与方法：通过体验式学习与模仿学习，激发学生对音乐的感受能力，为后续对音乐的创造打下一定基础。

知识与能力：通过本节课的学习同学们可以做到有感情的表演唱歌曲，体验"花儿"的美感。

重点：音准把控，特殊发音"着"和"绿"。

难点：下滑音的演唱、语助词的演唱。

---

① 马瑞 . 西北"花儿"的审美意识阐释 [J]. 科学咨询（科技·管理），2021（07）:52–53.

2. 教学过程

导入："样子像青草，想吃割几刀，今天割一把，几天又长高"同学们来猜一猜这是什么蔬菜？

3. 新课教授

第一，初次聆听音乐，提问学生通过聆听听到了什么内容。

第二，二次聆听歌曲，引导学生跟随音乐感受歌词所描述的风景，思考这首乐曲应该用什么样的情绪演唱。

第三，在背景音乐下，教师带领学生一起朗读歌词。

第四，教师第一次弹唱。

第五，教师挑出语助词与特殊发音字"着（zhuo）""绿（lù）"，解决下滑音 3 的演唱。

第六，教师逐句进行教唱，学生跟唱。

第七，教师示范第十一小节的下滑音演唱。

第八，教师将乐曲旋律走向进行展示，学生跟着旋律走向有强弱有高低有感情地演唱。

第九，学生男女分组或者按座位划分区域进行接唱。

第十，邀请两位学生跟随音乐即兴创编舞蹈动作，其他同学用小声拍击合唱台的方式拍打 2/4 节奏。

由于花儿的音乐性极强，短短几个小节都含有丰富的音乐特性，情绪的变化、节奏的张弛、节拍和速度的转换以及调式、调性、音色的变化。笔者以国家音乐课程标准中对 1—2 年级的学生培养目标：激发和培养学生对音乐的兴趣，开发对音乐的感知力，能自然的、有感情的演唱歌曲为依据，在设计低年级的音乐课时，主要以对歌曲的欣赏与体验为主，来培养低年段学生对音乐的欣赏能力，鼓励他们对所听到的音乐表达独立的见解与感受，逐步累积欣赏音乐的经验。笔者通过这一次的教学实践，更加直观感受到"花儿"音乐课堂的教育性，在短短四十分钟的教学中，课堂氛围比较活跃，学生们的参与度也很强，学生学习积极性和主动性得到了很大的提高。由于教授的是低年级学生，对他们要求并不高，如果换成高年级学生，就可以在课堂中加入音乐的一些基本要素（如力度、速度、旋律）、常见结构、体裁形式、风格流派和演奏识谱等基础知识，也可以在高年级音乐第一课堂的乐理、曲调分析、视唱练耳教学中，加入"花儿"素材，加深学生们对民族音乐的乐曲色彩、曲式结构等记忆，还可以将"花儿"背后的故事与音乐结合，编排舞蹈、舞台剧等不同形式的表演，把"花儿"课堂与音乐课、美术课、舞蹈课结合起来，互相贯通融合，构建起与其他艺术门类及其他学科的有机联系，从各方面来开展"花儿"的教育与传承工作。以上便是本节"花儿"课对第一音乐课堂起到辅助教学作用。

（二）3—4年级学生音乐课堂

学习目标：《你把远路上的凉水少（者）喝》。

授课班级：四年级五班。

教材分析：这首"花儿"是某校校本教材第四单元中的歌唱课，之前学生们已经可以熟练的演唱，校本教材对高年段学生的要求是创编歌词，所以笔者将本节课设计为创编课。

教学用具：钢琴、多媒体。

教学课时：40分钟。

1. 教学目标

情感态度与价值观：通过本节课的学习，提升学生对音乐的审美能力，培养爱国主义情感，增强集体主义精神。

过程与方法：通过探究与合作的学习方法，使学生能够积极参与以即兴发挥为主要特点的探究与创作活动。

知识与能力：了解"花儿"创作的基本要素与方法。利用教师提供的方法独立或与他人合作创编，培养学生团队意识与创作能力。

重点：了解"花儿"的歌词创作要求

难点：介绍"花儿"衬词及语言结构特点

2. 教学过程

导入：播放歌曲《你把远路上的凉水少（者）喝》，在学生欣赏歌曲的同时与学生进行互动问答（你认为组成一首好听的歌曲最主要的成分有哪些，引起学生对歌词与旋律两要素的重视）

3. 新课教授

第一，教师带领学生分析歌曲歌词，讲解"花儿"歌词的组成部分（语言结构特点、歌词修辞手法）。

第二，介绍"花儿"语言结构特点（如倒装句、省略句）及"花儿"衬词。

第三，强调"花儿"歌词必须是通俗易懂，接地气，具有方言特点。

第四，欣赏教材中纳入的学生创编作品，引导学生将身边的故事或者现象作为歌词元素，进行歌词创编。

"花儿"独特的艺术性主要也与丰富多样的歌词有关，"花儿"歌词采用的修辞手法有比喻、拟人、夸张、对比、反复、排比等多种，和中国古典文学采用的修辞手法如出一辙。花儿的创作和演唱最基本的特征就是即兴，在学校的"花儿"课堂，教师将即兴创编这个环节带进了课堂，选择这首乐曲来作为高年段的教学课程，是因为校本教材中这首乐曲对高年段学生的要求就是进行歌词创编。高学段的学生音乐素养相对较高，教师给出一定的曲调和衬词规律就可以进行自由发挥填词，这一环节不仅提升了学生们的文学修养，也将"花儿"赋予了一定的教育功能，比如学生们即兴创编的《你把网吧的门少（者）近》，学生把歌词改成不要上网，从学生的角度出发依照实情改编，呼吁同学们不要进网吧，"上坏了眼睛玩坏了心"。通过这堂课的学习，主要是提升高年段学生在创编方面的能力，将音乐与文学相结合，强调出"花儿"的文学性，以及对文科类第一课堂的辅助作用。学校还会将学生们优秀的创编作品纳入教材，在大型活动中展示，这在某一方面也是极大地提高了学生们的学习兴趣。

（三）5—6年级学生音乐课堂

学习目标：《一对白鸽子》。

授课班级：六年级五班。

教材分析：这是一首纳入人教版音乐六年级下册第四单元的"花儿"，以欣赏课的形式呈现，所以笔者这节课不是专门针对青海学生设计的，而是以所有六年级学生为主体，主要通过欣赏课的形式培养学生道德情操与民族意识。

教学用具：钢琴、多媒体。

教学课时：40分钟。

1. 教学目标

情感态度与价值观：通过作品中对青海风景的描绘，提高学生对家乡的了解；通过欣赏不同版本、不同民族音乐，理解音乐文化的多样性。

过程与方法：以"花儿"为主线，渗透其他民族音乐和相关知识，理解音乐的意义及其在人类艺术活动中多样的音乐形式和独特的价值。

知识与能力：了解音乐与其他交叉学科的联系，认识"花儿"的社会功能，理解音乐与社会的关系。

重点：连音的演唱，以及为什么要用连音

难点：加入声势动作

2. 教学过程

导入：在教室设置蓝天白云的情境，播放天空中飞禽类的音频，引导学生们模仿自然界鸟类的声音与动作。

3. 新课教授

第一，聆听音乐，引导学生听辨歌曲，将"花儿"主题带入。

第二，教师讲解歌曲歌词，介绍"花儿"歌词赋、比、兴修辞手法。

第三，教师进行弹唱学生感受歌曲描绘的场景，感知音乐的色彩与线条走向，随后进行交流讨论。

第四，教师通过多媒体播放其他版本音频（组合合唱版、"花儿"乐队现代手法演唱版），带领学生感受不同版本音乐所呈现出的画面。

第五，通过多遍聆听已经有大部分同学熟悉了旋律并且可以跟着轻声哼唱，教师将五连音部分挑出来进行练习，并引导学生说出为何要用五连音。

第六，同学们在演唱过程中用拍肩膀、拍手的动作模仿曲中声响词。

第七，欣赏其他地方民歌，感受民歌独特的艺术色彩。

在小学教育中，思想品德教育是必须要渗透在各个学科中的，而音乐是最直接可以走进学生内心的学科，通过音乐的形式来对学生进行思想品德教育应该是学生最容易接受的教育模式。这首《一对白鸽子》作为欣赏课被纳入人教版音乐教材，不仅是提高其他省份学生对民族音乐的认知度，也是对宁夏音乐文化的一种有效传播。"花儿"是描绘抒发劳动人民内心情感，对未来生活的美好寄托，对心仪男女表达爱意的语言，因此它具有极高的美学价值，是自然美与劳动美的结合，也是音乐美与诗歌美的结合，它既可以当作歌曲来演唱，也可以当作诗歌来欣赏。"花儿"所反映出的人民生活状态、表达的意愿、演唱的风格及节奏与歌词的独特，比一般民歌更具有浓厚的戏剧色彩。笔者这堂课的设计意图在于通过欣赏民族音乐提升学生民族自豪感，让学生熟悉并热爱祖国的音乐文化，增强民族意识，培养爱国情操，且六年级学生已经有了比较全面的主观意识，对自我情感会有一个相对完整的解读，在情感表达方面也会比较丰富，通过这堂欣赏课不仅使学生们在民族性思想方面的认知得到提升，也更好地将民族音乐进行了教育传承。本堂课是从人文性角度设计的，主要体现"花儿"思想道德教育起到的教学辅助作用。

二、听课记录

教授年级：五年级。

教授歌曲：《眼泪把心漂满了》。

课程时长：40分钟。

使用教具：多媒体、钢琴。

教学重难点：节奏、个别咬字发音。

该曲名为《眼泪花儿漂满了》，是地道的六盘山民歌，由王洛宾记谱编配。1938年王洛宾一路西行，在六盘山车马店入住时听到"五朵梅"在唱"花儿"，"五朵梅"的天籁之音打动了王洛宾，他开始思考音乐的源头到底在哪里？经过再三考虑后，西部歌王毅然决然地留在了大西北，在此之前王洛宾一直渴望去法国巴黎学习西洋音乐。这首《眼泪花儿漂满了》曲调优美、旋律简单，教师在教授过程中学生主要以聆听为主，所以看书本的时间并不多，歌词朗朗上口所以没有进行逐句教授，由于基本都是来自山区的学生都讲普通话，因此教师挑出个别方言的发音进行讲解，突出民歌的味道，也没有限制音高，由学生反复聆听模唱来学习旋律部分，五年级同学已经掌握了很多"花儿"的相关知识也会唱一些作品，所以本节课所学歌曲旋律性与节奏控制对他们难度不大，教师主要培养学生的情感把握和创编能力。本节课教学过程体现出传统音乐的传承方式——"口传心授"，教师并没有把书本上的知识照搬，而是通过互动、问答、示范的方式，让学生们对乐曲一步步加深印象。

第三节　陕西民歌在中学音乐课程的开发与应用

中国的音乐教育发展到今天，发生了一系列的变化，突出体现在教育理念的改进，本土音乐的发展也引起了教育界内的关注，成为研究领域的焦点。在河曲地区设置地方特色课程可以优化授课内容，完善组织教学，利于本土资源的开发和传承，因此本节所涉及的调查主要针对忻州市河曲县三所中学的学生及教师，所涉及的学校分别是巡镇中学、河曲中学、实验中学。

一、河曲县中学音乐教育概况和现状调查

（一）河曲县中学音乐教育概况

1. 学校层面

在选中的几所学校中，巡镇中学相对河曲县其他中学来说，比较重视学生的全面发展，日常繁重的文化课气氛压抑，为了缓解枯燥的学习氛围，减轻学生的学习压力和释放学生的潜能，在学习之余，丰富学生的业余生活，身心得到陶冶和放松，从而以更好的状态投入到学习中，河曲县的政府及教育部积极与国家政策保持一致，采取了多方面的举措，为了地方优秀文化不能丢失，学校安排了专门的教学场所，配有各种专业兴趣班，平均一周安排三节课，进行音乐技能的培训，教室所具完备的内部设施，音乐设备齐全，在整体上已具备音乐教学的规模和条件。但据笔者了解，河曲民歌虽提倡引入课堂，但由于课时的安排不当，内容的陈旧难以推行，教材的选择不妥，父母的不支持等，导致河曲民歌在课堂中举步维艰，河曲民歌的发展受到严重阻碍，生源寥寥无几，陷于一片荒凉境地。尽管这种现状引起领导和教师的热议，但是依旧对河曲民歌所处的现状，无计可施。

2. 教师层面

在河曲县这片凝聚智慧的土壤上，充满了文化气息，在这里有两位知名的老师对河曲民歌做了完美的诠释，两位教师有着丰富的演唱经验和扎实的舞台功底，他们本着"教育为人人，人人爱家乡，人人会民歌"的理

念，心系家乡，本着对音乐的爱好，教师通过各种渠道，灵活教授教材内容，为课堂增添色彩，教师也在提高教学能力，丰富教学手段，达到理想化的课堂和获得较好的学习效果而努力，汲取新鲜的能量，寻找有利的资源，充实自我，完善教学。为顺利引进民歌，教师精心准备，教师的教学成果有所起色，在学校统一安排的课程下，规规矩矩地来到教室，在老师不断地要求下，也附和着哼上几声，没一会儿时间，学生们的积极性渐渐衰退，注意力也开始分散，课堂气氛嘈杂起来，基础较好，对音乐稍感兴趣的同学按照老师的提示，将其展现出来，然而，有的学生还弄不清楚在干嘛，学生的程度不同，课堂教学很难进行，落实到整体很难做到，这样的课堂只会为学生徒增苦恼，产生抵触的心理，反感情绪逐日增加，课堂因失去学生的配合，教学氛围黯然失色，远离教学目标，学生的兴趣渐渐褪去，影响课堂正常进行。

3.学生层面

受家庭环境的影响和经济条件的制约，一些学生处于偏远地区，远离城市，经济困难的他们在意识中只有读书才是真本事，才是中学生唯一必须去做的事情，他们观念上认为只有学好科学文化，才能走遍天下，享受更优质的生活，走出穷乡，摆脱贫困，因此，苦心于文化课修炼，不注重学生审美素养的培养，在他们的观念里学习艺术就是消遣时间。因此，在思维上很难达成一致，思想停留在过去四五十年代，把艺术称为"唱戏"，在他们眼里艺术是个贬义词，在他们父母的年代认为河曲民歌是一种很低俗的娱乐方式，思想较为保守，这种艺术形式在人们的思想观念中上不了台面，认为无法就业，影响孩子的前途。因此，家长极力反对孩子在艺术领域下个功夫。不支持学生的学习。此外，在大众审美冲击下，流行音乐在实际生活中受到人们的疯狂追捧，它直接制约着人们的审美观念和思想倾向。现在中学生趋向追求更具现代特征的产品，注重物质气息浓重，学生勉强接受只是为了服从学校的安排，只是对教师所教内容的简单模仿，更别说是传承，更是难上加难。因此，从学生角度来说，没有自觉自愿的积极探索，这种民族的使命感和责任心也不会深入人心。教师在课堂中的渗透，又怎会得心应手？①

（二）学生问卷数据处理及分析

高中学生的健康成长，离不开音乐教育潜行的培养，随着中学生的知识的增长，理解事物的能力也逐步增强，对学习音乐的需求上有了更高的期望，高一大多学唱课，高二将学唱和欣赏相结合，知识能力的学习与审美能力的培养同步进行。由于在河曲县只有一所学校设置了河曲民歌课的教学，其他中学还没有将其正式引进系统的课程教学。因此，笔者将实验中学和河曲中学的情况归为一类，由于这两所中学只有初一初二开设音乐课，考虑到初三和高三同学升学关键期的问题，时间紧、任务重，升学压力大，不涉及音乐课程的学习。笔者共发出问卷 240 份，收回 240 份。

对于河曲民歌的相关内容，笔者设置了十五个问题，调查结果显示：近年来，多种娱乐软件的应运而生，社会风气趋向大众潮流，各种风格的音乐随之崛地而起，学生们接触音乐的途径广泛，他们的审美和需求也在发生着相应的改变，学生对音乐学习的态度可观，不喜欢的仅为 2% 个别情况，巡镇中学作为唯一的一所注重学生德智体美全面发展的学校，也是非遗在校园内进行的独立门户，学校领导和教师也逐渐将本土音乐的学习作为一项重要内容，将注意力转移到学生音乐素养的培养上。但对河曲民歌学习也处于迷茫探索阶段。性格的差异，导致学生喜欢的音乐类型也各不相同，学生们普遍倾向于流行音乐，对流行音乐的热爱程度较高占 65%，而中学学生对古典音乐侧重次之占 23%，然而，笔者调查发现对于

---

① 盛文峰. 试论陕西、山西民歌的审美取向与传承 [J]. 当代音乐，2020（12）:67–69.

地方民歌的学习，几乎没有涉及只有 5%，大部分同学不熟悉。

　　除了巡镇中学，其他中学在课堂上没有专门学习过河曲民歌，只存在偶尔提及过相关性的旋律片段，53% 是空白的，没有接触过。只有 2% 的同学专门学习过河曲民歌的相关曲目，父母年龄层相对基本都会唱，不存在没听过的现象。只是在于掌握曲目量的多少，技巧应用上的熟练程度和情感把握是否到位的区别。由此得知，在过去社会落后、人们的物质生活匮乏，本土的音乐融入他们日常生活的概率较小，民歌则是人们的精神世界的一大需求，在父母长辈的长期影响下，经常受到熏陶的孩子，对河曲民歌的曲目量有一定的掌握，没有经过父母言传身教的孩子，对河曲民歌通常是陌生的，事实证明环境对学生学习音乐的重要性。

　　在河曲会唱河曲民歌长辈占多数，甚至非常拿手，可以在舞台上轻松演绎，知之甚少的几乎没有。长辈们是受河曲民歌影响的最大群体，父母日常的吟唱，对学生无意中的影响，在教育中不难发现，家庭音乐氛围较好的孩子，通常音乐素养偏高，10% 的学生能完整演唱河曲民歌五首以上，从小受家庭氛围的熏陶，审美能力会随着累积曲目量的增多而提高。笔者提到将河曲民歌渗透在音乐课程中受到大部分学生的喜欢，表示态度很坚定。

　　63% 的学生态度积极愿意参与，同学们的呼声也较为强烈，并希望在演唱技巧上有所提高。35% 的同学们认为将河曲民歌渗透在音乐课程中持肯定的态度，这也充分说明，大部分学生持接受并保持积极的心态，对其产生浓烈的好奇和兴趣。由于每个人的需求不同，能力要求上也参差不齐，33% 的学生希望得到演唱能力的提高，22% 的学生希望得到音乐素养的提升，24% 的学生掌握乐理和音乐相关知识，21% 的学生更注重对审美能力的提高，教师可根据学生每位学生的需求，满足学生能力上的要求。

　　笔者在问卷中设置了识别河曲民歌的问题，发现能真正识别出来的学生只占 30%，其他地方的民歌，选择比例相对均衡，可以清楚地看出学生接触河曲民歌频率不高。相关知识匮乏，对河曲民歌音乐风格特点不能明确掌握，无法做到正确辨别，笔者选取一首极为经典的曲目《想亲亲》，在对中学生的调查中发现，大部分学生表示没听过。由此得知，河曲民歌在大众群体中的传唱度较低，学生们带着猜的色彩在里边，也说明掌握的曲目数量较少，难以辨识它的风格特点。河曲民歌的风格特点和歌词表达内容是旧社会生活的反映，尽管学生们对河曲民歌的未来发展状态表示看好，但没有经历过同种社会背景的当代孩子，对民歌产生的社会背景不够了解。接受起来不太容易。同学们认为，将河曲民歌改编成当下最流行的唱法，更换歌词内容。在不改变原有旋律框架的基础下对河曲民歌进行创新，接受范围相对较广。笔者设问将河曲民歌以新的形式去教授，50%的同学认为内容唱法缺乏创新，普遍仍认为没有新意，整套教学模式较为落后，表示将河曲民歌进行创编容易引起学生的共鸣，喜欢这种方式，学生态度积极，学生的呼声较大，利于课堂教学的开展。15%的同学认为宣传力不强、号召力不高，比例较少的学生认为其没有发展前途的占5%。30%认为其发展前景良好，学生支持创新，在原有基础上进行改编，创作出现代人容易接受、容易理解的河曲民歌。总体来说，这种积极的形式状态，对笔者的研究很有必要性，把众多学生需求融合在教学中，促进教学的有序进行。

（三）教师问卷数据分析

新课改为音乐教育打开了前所未有的大门，教育事业迎来了新的春天，音乐教师面对新时代的新要求、新挑战，积极与时俱进，改进思想观念，不断提高自身的教学实践能力，在新课改的引领下，教师也为适应新形式，努力提升自身的专业素养和教学能力，不断充实课堂丰富性，学校对本土音乐在校园的盛行，给予高度关注。教师们为更好地完善教学内容，不断增强课堂的生动性。然而，成效不大，歌曲的难度学生无法驾驭，与学生能力不符，授课内容缺乏备课环节，所授的课程没有教案作辅助，教师对内容不够熟悉，教学环节不熟练，对学生所具备的知识能力缺乏深入的了解，面对课堂存在的问题和状况不能迅速应对，感到困难力不从心，教师们表示束手无策，面对这样的状况无从下手，学生也相应地体会不到音乐满足感和愉悦感。丝毫不能起到减轻负担的作用。课堂的实际效果不能达到教师理想的状态，教师应将注意力转移到调动学生的兴趣上。根据内容的难易程度和学生表现情况给予实质性指导，能够做到"思学生之所想，为学生之所为"，思考学生需要什么样的作品，更符合这个时代的审美，将课堂的能动性归还给学生，使学生主动地释放潜能，在音乐的世界里尽情地展示自我。

二、河曲民歌在中学音乐课堂的教学实践

笔者通过对问卷的仔细研究，分析了河曲县各学校不同状况，安排不同程度的教学计划。第一类，为底子相对较好的，课堂有涉及过河曲民歌的学校，笔者对学生会有稍高的要求，会选择有一定难度的歌曲，作为教学内容。此外，实验中学和河曲中学没有学习过河曲民歌的学生归为一类，由于学生日常对河曲民歌的接触较少，考虑整体的接受情况，因此在选择教授的内容上比较简单。目的在于使河曲民歌在河曲县每所学校生根发芽，使传承意识渗透在每位本土青年的心间，引领民族文化趋于发展的前线。

（一）河曲民歌进课堂的教学设计

1. 教学内容的确定

在内容的选择上反复甄别，认真揣摩和分析，兼顾多种因素，从多种角度思量前期工作的妥当，关系到学生的接受能力，学生的课堂表现能力。笔者经过反复斟酌，对其进行严密的分析和整合，使其能体现地方性原则、趣味性原则，曲目的选材上要考虑经典性，内容要选择具有正能量，宣传正义性，积极向上的思想。也应注意河曲民歌的教学与相关知识的渗透。唱好河曲民歌对中学生来讲是一种挑战，应从学生的兴趣爱好出发，选择内容上富有故事情节，曲调欢快悠扬，歌词内容不宜过长，旋律朗朗上口，传唱度较高的作品进行，由易到难、逐步渗透。

笔者对河曲县高中学生的音乐课程的安排，是笔者对高中生进行歌唱、欣赏、表演于一体的特色化创新，针对学校的基本情况，从简单的民歌出发，选择上要符合现代学生的审美视野，由于河曲民歌中二人台对于学生程度来讲，难度系数较大，不在笔者的考虑范畴之内。因此，河曲民歌内容的方向从经典原生态、艺术改编民歌，男女对唱形式的民歌，现代河曲民谣这些角度挑选，这样的设置，使学生更容易接受，更广泛传唱。既不失经典的原始河曲民歌模型，又加入新的元素，与现代生活相融合，古为今用，加强文化的力量。

2. 教学计划的制定

（1）指导思想

以新课程改革理论指导，针对全体学生，丰富教学内容灵活教学形式，以兴趣爱好为出发点，结合其他学科特点，联系学生现实生活，加强学生的实践性，着重培养学生的创造能力。

（2）教材分析

由于在河曲县只有一所民间音乐实践课，教学内容没有统一的教材。笔者通过图书查阅，搜集整理民歌曲谱，分析作品的难易程度以及适用范围，从实际出发，从基础做起，由易到难、循序渐进、逐步深入、层层铺垫，选择曲目大多篇幅较小，旋律简单，歌曲具备经典性，歌词内容通俗易懂、节奏欢快、速度适中，旋律多为反复，学生容易掌握。

（3）学情分析

社会环境相对较好，从小受家庭的培养，在艺术领域相对更占优势，音乐感知力比农村孩子相对好些，然而，远离县城较为偏远的农村，他们接触河曲民歌最主要的途径是通过长辈们的口传心授，潜移默化地受到感染，河曲民歌作为教学内容，对农村孩子来说，并不陌生，容易理解和掌握，基于这样的情况，笔者认为程度较好的同学可以起到带动的作用，使整个课堂活跃起来。为了课堂进度的顺利进行，笔者经过与老师们的深刻探讨，以课堂氛围以及表现力不同的班级来进行尝试，分别为高一（8）班以及高二（5）班，高一（8）班参加兴趣班的同学较多，学生课堂活跃，课堂氛围好，互动性强，高二（5）班学生擅长文化课的学习，文化气息浓重，配合度较弱，笔者根据现场的课堂情况适当的调整教学手段。

（4）教学安排

笔者设计了为期三周的教学课程：第一周《大红公鸡毛腿腿》以欣赏为主，第二周为创作民歌的学唱歌《圪梁梁》，高一（8）班教学时间为每周一下午第四节，高二（5）班教学时间为每周二下午第三节课。

3.教学设计的规划

（1）《大红公鸡毛腿腿》教学设计

题目：欣赏课——原生态民歌大红公鸡毛腿腿。

学情分析：现时代中学生大部分倾向于摇滚、流行音乐，对本民族在内心里有一种抵触的情绪，觉得不时髦，老师要从学生角度出发，抓住学生特点，从学生感兴趣的方向入手，先引起学生的注意，再逐步深入。笔者通过多媒体观看视频、配套音频、图片，结合教师的讲解，感受民歌独特的韵味和真挚的情感。

内容标准：笔者本节课所选歌曲作为经典河曲民歌之一，既具有幽默性又不失经典性。既不失老祖宗留下的基本框架模型，又为音乐增添了色彩，曲调简洁，内容通俗易懂，多以衬词出现。

教学目标：

情感态度与价值观：培养学生对本土更深厚的情感，使学生乐于主动了解本土音乐文化。

过程与方法：通过感知、体会、听辨、等学习环节，把握河曲民歌的风格特点，准确拿捏河曲民歌的歌唱要点。

知识与技能：通过学习，掌握方言演唱的基本方法，将歌曲内容通过表演的方式展示出来。

教学资源：谱例、CD、课件、钢琴。

教学重点：演唱中能否较准确地咬字归韵。

教学难点：能否有韵味地演唱民歌片段旋律。

教学准备：虚心向当地教师请教，并向老师搜集歌谱。熟悉旋律，制作课件。

教学方法：教师通过讲解、描述、启发逐步引导学生。

导入：听远方飘来的声音，它在向我们传递着什么内容，看视频里的场景我们初次体验它的韵律。

教师提问：感受旋律，它的歌名、风格是怎样的呢？

教师提问：与学生交流一下歌曲描写的内容是什么？

教师唱新歌

教师提问：学生听并思考歌曲的调性？拍子？

教师提问：教师引导学生这首歌曲出现几个音？

教师提问：分别是什么？最后整个曲子落在什么音高上？

教师讲解：完整感受音乐，和着音乐的旋律肢体跟着动起来，在听的过程思考歌曲节奏是怎样的？

教师讲解：哪种节奏型可以表现这种情绪特点？（教师清唱提示并强调节奏型的地方）

教师启发：这首歌之所以听起来极为夸张体现在衬词的运用，贴近生活，和其他歌曲有很大不同。

教师启发：大家知道为什么谭晶在唱的过程中，韵味十足、耐人回味吗?

教师提问:这首歌曲刻画了怎样的画面?

教师提示:场面热闹应该是气氛比较欢快,那么在节奏上应该是非常紧凑。

教师总结:十六分音符快速出现,加快了节奏的速度,烘托了热闹的场面。

能力拓展:示范指导按老师指示进行表演,教师指导哪位同学起来表演,要求过程连贯速度要快。

教师提示:听过极富有代表性的河曲民歌之后,聆听一下其他地方的民歌,请同学们猜一下,他们分别是哪个地区的?

教师提示:有没有和我们今天学的是同一个地区的?

教师总结:各地区音乐的不同特点。

小结:通过经典旋律的体验,我们了解了河曲民歌的特点,同时也了解了其他地方相关的民歌,增长自身的艺术修养。

(2)《圪梁梁》教学设计

课堂:学唱歌——圪梁梁

学生分析:初中学生来说,经过之前的学习,对简谱的认识相对好一些,能基本的模仿老师所唱的音高,对节奏掌握率相对较好,有部分学生识谱能力较弱,基础较差,对已学过的节奏认识率10%,由于一些男生正值青春期,在音准方面有待进一步加强。本节课在学生原有经验的基础上,通过学唱、欣赏、表演等环节,让学生认识家乡音乐的风格特点,以及圪梁梁的演唱情绪与情感。

内容标准:《圪梁梁》是一首艺术改编歌曲,歌词与现代生活极为贴切,歌词内容通俗易懂,旋律多以重复出现,歌词稍做改动,曲调高亢轻快悠扬、律动性较强,易于学生的学唱。

情感态度与价值观：在音乐的熏陶中，提高学生对地方音乐的热情，增强民族情感。

过程与方法：通过对比欣赏，了解不同地区民歌的风格差异。

知识与技能：通过学习的环节，使学生掌握河曲民歌的特点，以及简单的基础乐理知识，能够准确划分曲式结构。

教学资源：采用多媒体、影像、视频、图片、音频等。

教学重点：能引导学生用标准的方言去演唱，正确处理好音与音之间的音高关系。

教学难点：对歌曲中个别字的音高控制，对旋律的速度的准确把握，能够有韵味地完整演唱歌曲。

教学方法：讲授法、引导法、练习法、演示法。

教学准备：教师练习边唱边将所唱内容的场景表演出来；学生制作歌词。

教师提问：那是谁在歌唱？为了谁而唱？播放歌曲片段视频。

教师提问：欣赏完歌曲之后，这首歌曲的旋律走向？演唱的风格特点？它描绘的具体内容是什么？

教师讲授：这首歌曲描写的是当代青年对爱情的执着和家乡的热爱，也是陕北人表达爱情的方式，下面一起来了解河曲人是如何诉说情爱的。

播放《走西口》视频，以及河曲黄土高坡的地势图片。

教师提问：大家在视频和图片中看到了什么？

教师提问：视频中的演唱语言有什么特点？

教师对比示范：教师用不同语种清唱分别示范，进行对比突出方言的特色。

教师总结：方言是地方歌曲的魂，也是歌曲与其他歌曲最大的不同，它是属于我们本地区民族仅有的，要是没有这些，它将失去演唱的色调。

歌曲背景解说

词谱学习：跟钢琴学唱第一段旋律，熟悉歌词，先唱歌词，后唱简谱。

词谱学习：第二段旋律不做改动，学生代入歌词，题材不限，轮流分享，演唱表演。

教师讲授：为了传达彼此间的爱意，跨过山与山之间的阻隔，让彼此听到内心的真实声音，需要把声音传递出去，因此同学们在唱的过程中需注意开头声音的位置与气息的正确把握，结合肢体动作将高音传递出去。

能力拓展：老师需要同学们配合一下，同学们按性别分为两组，对唱曲目时，注意将环境情景考虑在内，歌词的紧凑性，我们将它完整地演绎出来。

素养提升：请学生在原有曲谱的基础上，依据旋律填词，歌词内容随意发挥，分组进行展示。

小结：同学们下去能够多收集一些我们河曲经典的民歌，并向有经验的前辈学唱，并在下节课与同学们分享。

3.课题：合唱练习——想亲亲

学生分析：高中阶段的学生由于文化水平的支撑，对知识的理解能力、掌握能力也在逐步提高，但由于每个学生受各方面环境的影响，音乐基础情况有差异，在对内容的接受上程度不同。

内容分析：本课选择为特殊拍子民歌，也是河曲民歌少见的歌曲，它先是四三拍转成四二拍，歌曲音域较高，男女对唱及合唱完整演绎此曲，这首歌曲较之前所学的歌曲，有一定的难处，对学生和老师来讲是一个挑战，在速度上由自由到稍快再到中速，三个过程，描绘三个不同的场景内容，河曲民歌作为河曲县很具代表性的一个剧种。可以通过练习有韵味的演唱作品第一乐句，并加入简单表演，争取做到加入表演的演唱，带有一定的表演色彩。

教学资源：电脑、课件、服装道具、钢琴、黑板。

教学重点：掌握歌词中的叠词采用重音唱法，以及歌曲感情的处理。

教学难点：演唱时歌曲节拍的准确性，以及速度变换的自然性，情绪的抒发性是否能够到位。

导入：课前将熟悉的旋律再次重现课堂，使学生沉浸在音乐的世界里的同时，温故已学歌曲，享受音乐的乐趣，并聆听教师的歌声。

教师提问：老师的演唱口型哪些特征是与之前所不同的？

学生练习：在读乐句中的字时，通过念字的方式可以对乐句的歌词熟悉，并找到假声的高位置。

练唱乐句：①教师有感情的通读歌词，并模唱简谱，引导学生画出旋律线条，体验歌曲的韵律；②按语言交流的基本腔调规律，注意句读，轻声慢读歌词；③练习技巧；④轻声模唱音阶，构建音高，寻找音准；⑤教师引领，学生跟唱，熟悉简谱，寻找气口；⑥教师对比，学生演唱存在的问题，强调尾音，突出演唱规律。

能力拓展：再次范唱并提问，并加入动作，同学们认为演唱动作的加入是否有助于演唱。

素养提升：总结河曲民歌演唱的特点，对比其他地区民歌的曲目，看看学生通过学习能否分辨出哪个河曲民歌。

拓展：教师对比谱例与演唱的不同，纠正学生的错误。

课堂小结：回顾课堂，归纳总结所学内容。

（二）教学完成情况及效果与评价设计

1.教学完成情况及效果

笔者按其内容特点设计了三节河曲民歌课的教学进行实践尝试，经过认真推敲，仔细琢磨，收获了可喜的教学成果，学生的学习欲望较强，积极参与性较高，笔者课堂上利用辅助乐器，结合语言艺术，更好地掌握河曲民歌的思想内涵。笔者所选旋律较为欢快，曲调也较为优美，歌词简单通俗易懂，多为重复，歌曲的音域，根据学生生理、心理特点，适当地做出调整，在歌曲的选择上，旋律简单，篇幅较小，容易学唱。在课堂实践中，教师对学生的关照，认真地引导，整个课堂充满了和谐的氛围，最初阶段学生对曲目的陌生，和对教师的不熟悉。导致在课堂上不能全身心投入学唱中，表现略有拘束，值得欣慰的有些学生与老师配合紧密，主动表现。也有胆子比较小的同学，跟着教师的节奏，小声哼唱。然而，经过长期的磨合，师生间形成了默契的配合，增进了师生间的感情，为教学的顺利进行奠定了基础。

第二节《屹梁梁》以旋律线流畅婉转，歌曲的韵味十足，使学生由衷的对本土音乐产生好感，学生饱满的状态，为教学之后的进展打下了良好的基础，为教学活动的顺利进行更推进了一步，学生在对歌词内容熟悉的情况下，能够满怀深情，去表现歌词内容。

第三节课《想亲亲》，以对唱和合唱比较新颖的形式进行呈现，课堂互动性积极，教师指导学生分组进行表演，歌曲在反复不同形式的教学活动中，旋律扎根在学生心间，多次加深歌曲的印象，教师趁热打铁，在学生情绪较高的时候，利用服装道具使表演又一次得到升华。河曲民歌课堂的感召力吸引了更多学生的眼球，成为学生心目中最受欢迎的科目之一，学生们也主动去搜集民族音乐的曲目，笔者精心挑选教材，了解学生学习状况，提前做好课堂效果预设和课前教学准备工作，对歌曲内容了如指掌，笔者虚心向当地艺术家请教，从民歌和学生的角度进行备课，灵活运用，根据学生的不同表现，给予适当的鼓励和支持，三个课时内容的教授，经历了试听、感知、学唱、表演、欣赏等阶段，将教学内容完整地呈现出来，使学生的天性被尽可能地释放出原本的样子，本土音乐的重视情况以及现状得到改善。

教学评价：本课笔者以"两个横向和七个纵向"的评课标准对笔者的课堂实践进行评价。

两个横向：本次课堂民歌学习的真正意义，并不是使学生掌握多少首歌曲，而是是否能通过一首音乐作品，引导学生掌握作品深层次的文化。本节课着重培养学生的聆听能力，学生思维活跃，积极性较高。

七个纵向：①笔者注意观察学生的学习状态和动态，灵活的运用教案，结合学生的身心发展特点，设定的教学目标较为完整，具有实际操练性贴合实际；②笔者做了细致的课前准备设计，内容安排合理，教学流程环环相扣，内容衔接自然过渡，教学过程张弛有度，层层推进；③笔者对作品曲风的选择，从歌曲的难易程度来测评，比较科学，符合中学生的接受能力，能够激起学生的想象力，充分结合自身的专业特长，做好引领示范作用；④笔者教学手段新颖，针对实际情况予以恰当处理，主要以学生参与的实践活动为主，结合教师的语言魅力。使学生处于兴奋的状态，课堂的流动性较好，充分发挥学生的主角色彩；⑤笔者通过丰富的方式将知识点传授给学生，重点突出，难点基本解决，应对教学中的突发事件，游刃有余，应对能力较快;⑥笔者课堂中巧妙地运用一些小道具，一方面辅助教学，另一方面为学生增加一些情感体验，使学生更好地理解音乐的本质；⑦为了使学生更直接体验河曲民歌，笔者更换腔调通过各种唱法为学生做示范，给予学生更多直接的经验与体验。

第六章　基于本土艺术资源的中小学艺术类课程的实践路径

音乐是文化的重要组成部分，忠实记录着某一地方人民的生活。曾伴随着我们先辈的婚丧嫁娶、生老病死，伴随着他们的送往迎来、春种秋收，表达了他们的喜怒哀乐、悲欢离合。它们是具有鲜活艺术灵性的生命释放，是具有深刻文化内涵的心灵记录，具有独立认知价值的历史传承，也是本土艺术特质的重要体现。本土艺术也因其独特价值被越来越多的人认可。

基于本土艺术传承的需要和小学音乐教学的特点，笔者认为基于本土艺术传承的中小学校本课程的目标应着眼于情感、态度与价值观目标、知识性目标和发展性目标。中小学音乐校本课程资源的选择应遵循主体性与实践性相统一的原则，过程性与合作性相统一的原则，开放性与融合性相统一的原则，教育性与娱乐性相结合原则；课程内容编排要做到思想性与艺术性相融合，趣味性与知识性相融合，传统与时代相融合，可读性与欣赏性相融合，操作性与提示性相融合；在课程评价方面，要突显本土艺术特色，指向本土艺术传承，注重个性发展，鼓励地方音乐的开发与创作。

第一节　转变课程观念

一、重新审视音乐的价值

（一）音乐对个体的价值

儿童通过在唱歌和演奏的过程中，通过嘴部动作和手部的动作训练，能使注意力得到集中。音乐能给人带来美的享受，这种享受不仅是能听到的，同时也可以"看"到，这就要求儿童在聆听音乐时静下心来用心"观察"，笔者在这里提到的"观察"即是理解音乐，全神贯注地去倾听音乐，这会很大程度地提升孩子们的理解能力与体验能力，与此同时，直觉与乐感也得到了开发。意大利教育家玛丽亚·蒙特梭利（1870—1952）曾经强调过，注意力的集中是非常之重要的。她指出，在生活中，集中也是其重要的组成部分。虽然它并不属于某一种教学方法下的产物，但集中是从短暂的现象发展到完全集中，这其实是一种内在或潜意识力量形成的结合，也导致了人的个性的形成，"内在集中"还会促进人的"内在成长"。

人的想象力是可以通过多种方式进行开发的，比如歌唱以及音乐的即兴表演，它同时也促进了个性的发展。笔者在前文有提到过，注意力不集中和学习障碍的孩子，可以通过音乐活动来改善这一问题，在与他人交流方面的能力也可以得到提升，当然这一过程是需要全身心投入的。音乐是一种很好的激励方式，对健康非常有益。它可以改善情绪，给孩子带来心灵的平静，克服孤独感，并帮助其与他人互动。音乐活动发展审美、认知和心理技能，将思想、情感和行动结合起来。

音乐具有表达情绪和情感的作用，比如说我们经常可以看到人们被某些场景中的某些音乐打动从而流下感动的泪水，因为音乐艺术本身既不是概念性的，也不是视觉性的，而只是基于流动的、高度敏感的听觉材料，所以音乐和情感之间存在着一种既陌生又同质的关系。列夫·托尔斯泰曾经说过。"音乐是人类情感的记录本，它是思想与心灵对话的语言"。瑞士教育家裴斯泰洛齐也在给朋友的信中写道："我不需要告诉你音乐有多重要，因为它创造并维持了人类所能达到的最崇高的情感。"

此外，音乐还有聚集理智的力量，西方先哲自中世纪，就曾把音乐、数学、天文、几何列为"七种自由艺术"中的"四门学科"。发掘出音乐与数学密切联系的哲学家如莱布尼茨和作曲家巴赫，在情感和理智的高度结合上就具有典型性。例如：德国哲学家尼采曾说："每次在听了一个晚上的音乐后（我听了四遍比才的《卡门》），一个充满决断的见解和突发想法的早晨就会到来。"音乐缘何能够如此强烈地激发思维呢？是因为音乐在头脑中可以突破言语的局限，促使人们自由地去思维。对音乐具有这样的价值，很多人往往没有重视。

而音乐具有将个人聚集在一起的控制力量。自中世纪以来，音乐、数学、天文和几何学被西方的哲学家们列为"七种艺术"中的"四科"。莱布尼茨和作曲家巴赫发现音乐和数学之间的联系非常密切，其特点是情感和理性的融合程度非常高。例如，德国哲学家弗里德里希·尼采曾经说过："每次我在晚上听音乐（到目前为止我已经听了四次比才的《卡门》），我都会有一个充满决定性想法和自发见解的早晨。音乐所具有的强大刺激是什么？这是因为音乐可以扩大语言在头脑中的界限，鼓励人们自由思考。音乐有一种许多人没有意识到的价值。"

对现代德国教育有很大影响的语言学家和教育家威廉·洪堡（Wilhelm F.W. Humboldt，1767—1835）作为著名语言学家和教育家，对德国现代的教育产生了非常远大的影响，他曾对音乐有过这样一段描述："不可否认的是，音乐一个有着无限强大力量的情感杠杆。它从语言的终点开始，在思想也无法到达的地方结束。"这就是为什么音乐不仅可以把我们从语言中解放出来，而且还能刺激思考，因为它远远在思维之前。换句话说，它不仅涉及情感和理性，而且还有机地平衡了这两者，具有照亮和超越思想的功能。它可以使人类的情感和理性进入自由的领域，自由翱翔于无限的空间。①

---

① 陈燕.谈中小学美育课程实施中存在的主要问题及解决的策略和方法[J].大众文艺，2021（09）:210–211.

（二）音乐对当今社会和环境的重要意义

音乐是一种可以广泛使用的通用语言，这一点毫无疑问，作为艺术的表达形式之一，它同时具有地方特色和民族特色。与音乐相比，所有语言都显得苍白无力，世界上每个人都能理解、接受和感受音乐，而不需要翻译或诠释。除此之外，音乐还有一个更为重要的作用，就是能生动地表达一个地方所处的环境与风土人情、一个民族的物质文化与精神文化、一个人甚至是一个群体的情绪表达和情感，并且能够加深本地人对该地方的感悟和外地人对该地方的了解。

关于音乐的社会功能的争论存在于整个人类历史，可以说，没有音乐就没有社会的发展。教育家和生态学家乔治·皮克特（1937—1994）在其作品《社会为什么需要音乐》一书中认为，从人类生物学的角度来看，如果一个社会没有音乐，那么将很难持续发展下去，因为音乐是人类生存必需的文化手段之一，对于生态平衡的维护和恢复也有一定的促进作用。单从人类的角度而言，一个完全从属于文化领域的环境（由人类自己创造并为其生存所必需），即所谓的第二自然环境，所以文化是人类生存的自然前提。例如，文化满足了生态的微观环境，这一体现在城市中尤为明显，因为自然环境已经在水泥城市的快速发展下逐步被破坏，这就是为什么文化在现代社会的作用越来越大。

在联合国教科文组织撰写的书籍《人与艺术》中的一文《艺术在社会中的作用和任务》把艺术定义为以下概念"艺术是发现、是阐释、是深化、是表达、是转告、是提高、是变化、是组合、是合理化。"在本书的活页集中《文化经理人：成果构想与工作帮助》作者用以下的语言定义艺术：艺术帮助提高技术取得成果，艺术将成为扩大意识的一种方法。艺术能构建新的认同，从审美的角度对生活世界和艺术作出评判，能帮助人们在日益复杂的环境下生存：艺术将与生活融为一体。生活将复制艺术，艺术正在成为社会一体化的形象，创造艺术将创造各种崭新的现实，艺术将成为经济的开路先锋。艺术将成为经济与社会之间的、具有创造性的缓和剂。

联合国教科文组织《人与艺术》一书中的"艺术在社会中的作用和挑战"一文将艺术定义为"发现、解释、深化、表达、交流、改进、改变、组合和合理化。"在《文化经理人：概念化成果和帮助工作》的挂图中，作者对艺术的定义如下：艺术有助于提高技术成果，艺术将成为扩大意识的一种方式，艺术可以创造新的身份。从审美角度欣赏生活和艺术世界，可以帮助人们在日益复杂的环境中生存：艺术将与生活融为一体，生活将再现艺术，艺术将成为社会融合的形象，艺术的创造将创造各种各样的新现实，艺术将成为经济的开放，艺术将成为经济和社会之间的创造性调节器。

随着时代的发展，人们也逐渐认识到了文化和艺术的重要性，两者在提高生活质量方面发挥着关键作用。音乐或艺术绝非奢侈品，其作为人类在创造性活动中的产物，它积极地塑造政治、经济和社会，就像任何其他创造性的力量一样。正如鲁迅所言，艺术是足以说明一个时代和一个民族的思维特点的东西，艺术不仅将思想保存下来并传达，而且就是思想本身。可以说，文化已经成为一个重要问题，它关系着我们社会在未来的发展道路。如果没有文化，那么思想和道德价值也就不复存在，这样创造出来的东西是没有价值的，人们在这样的社会背景下也会失去理想，结局就是社会的消逝。因此文化和艺术已经成为保证我们内在存在的精神基础。

哲学是人的世界观和自我认识的根本反映，而语言和文字则是表达这种思考结果的最直接手段。音乐和其他艺术在发展过程中，同样始终以探索世界和人类为最终目标，与哲学有出入的是表达手段和方式上的区别。它不是一个抽象的概念，而是人类思想、观念和情感在图像、图片、手势、声音和文字中的具体表达。它是将想法转化为有形的、可听的、具体的和活生生的表达方式的艺术。

文化要想保持活力，那么音乐无疑是必然的生存条件之一，这也体现了音乐的独特性——物理性。在数万年的进化过程中，人类发现自己可以闭上眼睛，改变自己的视力，但不能闭上或改变自己的听力，这使得人耳一直处于被动接收的状态，听觉系统一直是人类的"唤醒工具"，一个能够在瞬间唤醒整个身体的预警系统。

由于其特殊的结构和特点，人类神经系统对声音和音乐刺激特别敏感。人类听觉系统比其他的人类器官更为敏感，即使是非常微小的刺激，听觉细胞也会迅速作出反应，其灵敏度为触觉的千分之一。除此之外，根据人类感知系统的神经生理学特性，听觉比视觉与情感的联系更加紧密。因此，耳朵比眼睛更能接触到情感。实验还表明，耳朵与大脑的情感中心有直接联系，可以提供人类的精神、思想和身体的信息。

二、重新审视音乐课程的价值

虽然在文献中并没有提到康德本人是否尝试过艺术，但艺术在他那个时代的德国处于灌输的中心。20世纪初，新文化运动中规定重要组成部分也有这种教化思想在其中，蔡元培就此提出了"以美学教育代替宗教"的启蒙口号。

哲学家以及其他人文主义者，如历史学家，都把他们的研究建立在艺术之上。以两位文化史先驱为例，布克哈特著名的《意大利文艺复兴时期的文化》的主要观点来自他对意大利艺术的研究，即《艺术指南》，而胡伊青加同样著名的《中世纪的秋天》本身就如同艺术品一般的存在，它看起来像一幅以生态方式制作的长画。这两位历史哲学家都擅长写生，与其说这两位历史哲学家善于用文字勾勒出视觉形象，不如说他们的视觉建模能力使他们能够赋予历史事件和人物以现实意义。

地方音乐作为一种教育资源与它的文化环境有着共生的关系，因此应该被理解为一门学科它不仅收集、创造和研究音乐本身和与之相关的行为，除此之外，对于音乐及它产生的文化背景之间的关系也做了一定的研究。文化背景包括多方面的音乐因素，例如历史、地理、人种、语言、社会、生产、生活方式、民俗、心理等，但在这些因素中最重要的还是生产活动。生产可以分为事物的制造和人类本身的生存。前者可以看成是个体生存甚至是社会生存的根本，而后者是社会是否能持续发展下去的保障机制。这两种生产形式对于文明和社会都是必要的。

对于本地音乐是否已经过时或者是否还有存在的价值，这是很多人都关心的问题。然而笔者认为，发展和进步是科学价值建立的基础，但是这不适用于音乐，它的价值不在于它是先进还是落后。现存最古老的中国绘画论文——谢赫的《古画品录》强调，艺术没有时间顺序的好坏之分，只有本身的意义。没有所谓的古代或现代艺术，但学术研究必须同时与古代和现代对话。好的艺术不仅有永恒的价值，而且还能提供无限的新智慧。这就是为什么我们必须珍视我们周围的文明痕迹的原因。

正如恩格斯在《家庭、私有制和国家的起源》一书中指出的，"根据唯物主义观点，历史的决定因素最终是直接生活的生产和再生产""在特定的历史时代和特定的地区，人们生活的体制由两种生产方式决定：一方面是劳动的发展程度，另一方面是家庭的发展程度"。因此，在对事物生产的研究中，必须将自然环境和社会经济模式联系起来进行。在收集和分类地方音乐时，我们不仅要考虑特定文化的人们如何利用他们生活的物质环境来创造音乐，还要考虑物质环境与人类意识之间的关系，以及音乐的物质文化与物质环境之间的关系，包括演奏音乐的环境、乐器、表演者的服饰和使用的道具等。有必要考虑音乐的物质文化与物理环境之间的关系。民族学家倾向于将各民族统称为渔猎民族、游牧民族、农业民族、工业民族，有时也称为山地或海洋民族。这是因为他们的个人意识和他们特有的乐器、音乐和舞蹈都受到自然环境和文化模式的影响和依赖。因此，在准备教材时必须考虑到音乐和自然之间的关系。

根据恩格斯的理论来看，比起简单的自然关系，男女之间的婚姻形态更倾向于是一种社会关系。"食色性也"（《孟子·告子章句上》）。我们必须明白，全人类不同的音乐文化大多与社会经济和夫妻关系形式有关，是这两种形式在人们头脑中反映的结果。社会经济和婚姻状况是一个重要的文化背景，音乐作品与之有共生关系。因此，研究"有文化背景的音乐"并且不否定它是很重要的。在某种意义上，人们甚至可以说，只有将地方音乐与社会经济规范和家庭状况联系起来，才能真正研究它。在笔者的收集和编纂工作中，意识到不仅要关注文化的社会经济模式，还要关注出生、成年、爱情、婚姻和死亡的仪式和习俗事件，其中许多事件肯定都伴随着音乐和舞蹈。

约翰·沃尔夫冈·冯·歌德（1749—1832）总结说："没有一种艺术能把我们从世界中带出来，并把我们带回到世界中去"。音乐所传达的是对客观现实的真实反映，就如同所有的艺术一样。而音乐中所反映的是隐喻性的，是精神性的，同时这也是音乐课程所要传达的内涵与价值所在。

在贝多芬的音乐中，我们可以看到欧洲人民在 18 世纪末和 19 世纪初的资产阶级革命中的强烈觉醒和自信。"为胜利而战"（贝多芬的话）雄辩地说明了他音乐的中心精神。肖邦的音乐真实地表达了 19 世纪初被统治的波兰人的痛苦、冲突和渴望，而巴黎上流社会的沙龙的痛苦也没有任何地方能更清楚地体现出来。在二胡中，我们同样可以感受到一个善良、庄重、孤独的民间艺人在旧社会的黑暗中与自然交流的叹息和情感。20 世纪以来的音乐则更能代表社会的混乱、噪音和空虚。有必要解决反映在音乐课程中的问题。

三、重视方言在音乐课程中的价值

作为区别人类与动物的主要特征之一——语言，同时也被称作是地球上最美丽的花朵。方言是通过语言来进行描述的,这一点无论在艺术的"审美世界",宗教想象的"神圣世界",还是科学研究的"自然世界",都是一样的。语言反映了人类的精神、智慧、心理、思维方式和审美风格,是人类在生产劳动和社会交往中产生的情感的表达工具。在谈到古希腊方言时,恩格斯曾经这样表示过,一个伟大的整体基本都是由相同方言的部落组成的,即使是小小的阿提卡也有自己的方言,这种语言成为主导,成为散文的共同语言。这也适用于汉族方言的出现和共同语言的出现。在铃木的音乐教学方法中,发现"母语的哲学"也是学习的一个重要部分,而奥尔夫音乐教学方法则强调从母语中借用的基本节奏元素。

据相关统计,全世界共有六千多种语言,但是世界多种语言并存的局面正在逐渐被打破。语言学家称,公元前地球曾有一万两千种语言,公元元年减少到一万种,十五世纪减少到九千种。虽然现存六千种语言,但是其中 96% 的语种分布在 4% 的人口之中,所以一半语种都可能会在 21 世纪消失。语种消亡的原因有以下几种:自然灾害、种族灭绝和各种形式的文化同化。

据统计,世界上有超过六千种语言,但随着经济和科学的发展,这种许多语言的共存现象也在逐渐土崩瓦解。语言学家说,在我们这个时代之前,地球上有 12000 种语言,但在我们这个时代的第一年,这个数字下降到 10000 种,在 15 世纪下降到 9000 种。世界上有 6000 种语言,其中 96% 的语言由 4% 的人口使用,这意味着其中一半的语言在 21 世纪有消失的危险。由于各种原因,包括自然灾害、种族灭绝和各种形式的文化同化,都会造成语言的逐渐消失。

虽然环境的威胁得到国内外的很多关注,但语言损失却没有得到同样的重视,它对人类的生存和发展同样有害。这是因为语言是文化的媒介,而文化主要是通过口语和书面语来传播和传递。如果说人类发展的先决条件是文化多样性的发展，那么人类就应当自觉承担起保护语言多样性的重要责任。

学贯中西的林语堂先生曾经这样精妙地比较过汉语与其他语言，"汉语的单音节造就了极为凝练的文学风格，造就了中国文学的美，每一行七个音节的律诗，即可包含英语两行白韵诗的内容，这种在其他任何一种语言中是难以想象的，每个字、音都经过了反复斟酌，体现了最微妙的语音价值，且回味无穷，因为其中充满了暗喻和言外的缩略语。"

中西语言学者林语堂曾对汉语和其他语言做了如下精妙的比较："汉语的单音节性催生了高度凝练的文学风格和中国文学的美感，每行七个音节可以包含两行英语的内容，这是其他语言无法想象的，其中每个词和音都要经过多次思考，体现了最美好的音韵价值，具有无限的同化性。因为它充满了言外之意的典故和缩略语"。

在《乐记》中是这样描述音乐与语言之间的关系的，唱歌其实也是说话，只不过是拉长声调的说话罢了。心里高兴，就想说话。说话还不足以表达这种高兴，就拖长声调来说。拖长声调还不足以表达，那就加上咏叹吁嗟。咏叹吁嗟还不足以表达，那就情不自禁地手舞足蹈。很明显，音乐可以说是一种被升华过的，将情感和肢体动作结合起来的语言。显然，语言、音乐和舞蹈是人类存在的最自然和本能的元素。

普通话是中国八大语系中的通用语言，每种方言都有自己的语音、语义、结构、动态和风格之美。不言而喻，大多数本土音乐和艺术形式中的歌词都是用方言唱出来的。唱歌艺术的多样性正是来自方言的丰富性。许多本土音乐形式在形态特征上的差异与当地语言的差异有关。

普通话教学在我国的中小学中大力推广，特别是城市地区中下雪，普通话被高度推广用于教学。几乎所有的小学和中学都有听得懂和说普通话的学生，这有助于他们进行跨文化交流。然而，在许多学校中，存在着比例过高的现象，比如许多学校只注重普通话和英语，不允许使用方言。许多学生回答说，只有在课间十分钟才有机会用方言来交流。此外，许多的父母在家中也规定和孩子交流只能使用普通话，甚至认为如果他们的孩子讲方言，会被认为是"没有受过正规教育或根本没有受过教育"。因此，就会造成学生只听不说，甚至不知道如何说方言的现象。

频繁使用方言交流是否会影响孩子的普通话学习，这是许多教师和家长都担心的问题。但事实证明，这种担心是毫无根据的。方言可以与民间谚语、民间故事、民间歌曲和民间传说联系起来，一起进行教学。方言的学习和使用可以与普通话一起教授，比较两种语言有助于学生认识到两种语言之间的差异和联系。此外，对现代汉语体系的认识和学习也会进一步加深。可以得出结论，由于方言是本土艺术的载体，可以说，保护方言也就是保护本土艺术。

第二节 挖掘本土艺术资源

一、收集挖掘和保护地方音乐资源

中国自古以来就有丰富的音乐资源，并有将民间音乐进行收集和整理的优良传统。中国古代第一部诗歌总集《诗经》后来根据文本内容和音乐风格分为《风》《雅》和《颂》三部分。历史证明，真正具有永恒艺术魅力的是"风"部，有160首来自周朝15个不同地区的民歌，代代传唱。

汉武帝于西汉时期建立了一个大型音乐机构，专门用来收集和编纂民歌。收录的歌曲被称为"乐府"。这些歌曲以简单而真诚的表达方式，记录了祖先的劳作生活和情感表达，反映了中国人民的苦难和欢乐，形成了后来盛唐时期的音乐和诗歌的基础。

中国以农业经济为特征的封建社会在20世纪初画上了句号。在西方进步之风盛行的时代，哲学家们并没有忘记中国漫长的封建社会中出现的本土音乐，并继续尝试根据时代的发展而独立发展。例如，1918年，蔡元培在北京大学创办的校刊杂志上发表了"收集全国各地的近代歌曲"的广告，1920年，郭沫若提出了"创作新民族风格"的想法。但由于当时正处在内外交战的状态中，这个理想始终无法实现。[①]

这些本土音乐及其背后的文化并没有被现代文化所取代，而是曾经与他们的祖先一起生活在婚礼和葬礼、出生和死亡、就职典礼、种植和收获、欢乐和悲伤、痛苦和忧伤中。它是具有鲜活艺术精神的生命释放，是具有深厚文化内涵的精神档案，是具有独立认知价值的历史遗产。最高尚、最伟大、最美丽的东西并不遥远，而是就在我们身边。这么多优秀的民间艺术的流失让我们感到惋惜，但让人更无法接受的是，作为观众，特别是年轻的学生，失去了欣赏本地区及其民间艺术的机会，这对现有的地区艺术来说是一个更大的灾难。

收集并整理本土艺术资源对我们来说意义重大，它不仅只是放在当地博物馆作为游客参观的"化石"，更是尘封已久的书卷，让我们在进行阅读翻看时能远离社会的喧嚣，本土艺术首先作为一种文化形式，一种具有生命力的文化形式，当其融入生活的时候，就会在时代更迭的新文明中获得新生，从而打开与世界文化相连的大门。

艺术与生活相结合可以通过两种形式来进行：第一，表演和再创作是很好的传播方式，以及与其他艺术形式的融合，可以使本土音乐得到振兴，从而融入世界音乐文化的国际回路，扩大其空间影响力；第二，同时也是最为重要的，必须通过学校和社会，必须通过学校和社会将本土音乐纳入文化延续的教育元素，使其以原始形式和原生环境得到系统的保存，从而

---

① 曹静.浅谈中小学艺术课程建设与教学改革——童谣音乐校本课程开发[J].黄河之声，2019（04）:107.

使其能够系统地保存下来，并继续流传于世。

在我们国家，无论是职业教育还是普通教育，目前大多采用基于18、19世纪欧洲专业音乐标准的独特音乐体系。然而，这种音乐只是人类文化精髓的一部分，是在特定的历史时期和特定的地理界线上创造出来的，并没有体现出地球上不同地区的不同民族在数千年的历史中积累的无穷尽的音乐遗产。正是这种形式多样、源远流长的音乐遗产，与每个地区的生活和每个民族的文化相协调，才构成了现如今这个异彩纷呈的音乐世界。

我国每个地区的独特音乐都是中华文化的一部分，是世界音乐的瑰宝，它们与西方专业音乐有着完全不同的形式和背景。让学生能够对这些音乐表现形式及其产生的历史背景有一定的了解，加深其印象，这也是我们继承和发展民族文化并以独立的声音走向世界的基础。

二、对地方音乐文化的活态传承

在音乐教师的课程开发和授课的技术层面上，最突出的问题是它分散了教师和学生对民间音乐的真正性质的注意力。不同民族之间的语言、文化、音乐也是不尽相同的，都有着自己的独特之处，所以音乐体系也各异。因此，音乐教师不仅要对自己提出技术上的要求，还要加深自己对文化上的理解，所以他们需要不断研究和思考文化。音乐教师要用心去亲近它，这样才会有很多深刻的体验。

在实践中，笔者以记谱法为例，因为这是本土音乐传承的一个热点问题。当本地音乐被记下来时，实际的声音没有被呈现出来，或者总存在某种偏差。然而，我们发现，记谱员的学习能力与记谱的结果直接相关，如果记谱员自己会演唱的话，那么详细的记谱和伴有简单解释的记谱会使其与真实声音的偏差最小。很明显，民俗学的程度决定了传播的深度。

地方音乐是一个国家的文化、历史形成、集体记忆和精神财富的象征之一。例如：在第十四届青年歌手大奖赛上，"撒叶尔嗬"的演出让人耳目一新，从湖北土家族丧葬庆典的古歌和丧葬舞中走出来。这种表演形式很好地体现了"集体记忆"和"精神支持"的重要性。首先，从集体记忆来看，在"撒叶尔嗬"中，一个老人去世后，人们举行盛大的活动，围着棺材唱歌跳舞。撒叶儿嗬是土家族人民的集体记忆，这种记忆留给我们的后人，让他们知道这种形式的歌曲，由男性用女性口音演唱的方式，这种特殊的方式是在特殊的山区环境中形成的。就精神支持而言，面对死亡，土家族人并不像汉族人那样感到悲伤和压抑，他们喝酒、唱歌、跳舞，这是外国人感受不到的精神支持，但在这个意义上，我们看到了湖北山区的土家族兄弟姐妹们面对死亡的坦然。

人类学成年礼方法——"田野调查"人类学自我反思的那种"跑马看花、浮光掠影"的田野工作与态度，那种"信手拈来，自由发挥"的论文杜撰与做法，也是本土艺术收集整理并作为资源过程中防止和反对的。可以将"反思"作为一个法宝，也正因为如此，我们要不断要向民间学习。田野调查是人类学的营养来源，因此值得考虑我们在塑造学校音乐课程方面的作用。请注意：研究方法是不同的，没有一个或绝对的，但有一件事要做，要谦虚和诚实。

我们应该对民间歌手、当地艺术家和研究人员采取什么样的心态呢？其实在很多时候，音乐研究者和音乐课程开发者的心理和态度往往是这样的：当他们需要时，就理所当然地向各类本土艺术家索要信息，而当他们的需求得到满足时，便置之不理，这必然会导致各类本土艺术家的沉默和反感。基于地方音乐的学校课程的设计者需要考虑这些课程是否出于对地方音乐的兴趣和对地方艺术的真正热爱。学校音乐课程开发者需要有一种责任感，即使这与他们的兴趣或爱好无关。音乐教育界有一个共识，那就是存在多角度、多侧面和多样性。此外，观察现状的能力，从客观角度看待存在，在一些研究中，用作者的猜想代替客观事实，用作者的主观判断代替真实的说教效果，这也是一种学术思维，就像推广其他艺术形式一样，更何况是在当今的文化背景下，本土音乐和文化的推广是要有一个长期的过程，不会一蹴而就，更不会顺风顺水，因此总体来说并不容易。音乐教师必须面对现实，作为专业人士，他们有义务和责任真正理解和理解他们所研究的课题，做好自己的工作，仔细研究每一个案例，并保持自己的信念。因此，重要的是要真正了解和理解我们的研究对象，使我们的研究结果反映出预期的科学意义并具有预期的学术价值。

在欧洲音乐学家仔细分析了欧洲传统音乐的每一个音符，并汇编了和声、复调和旋律学等理论后。在西方民族音乐学家对不同民族的传统音乐进行了许多实地研究，并为学术界提供了研究方法之后，这些经验也传入了国内，那么我们是否应该加入世界民族音乐学的行列，对本土音乐视而不见？当奥尔夫和柯达伊的教学方法在各个层次和各个机构中推广时，有多少课程是基于本土音乐的？我国的音乐教育者可以为自己民族的音乐文化做些什么？中国的音乐教育工作者应该为全球多元文化做出什么贡献？本土音乐教学法如何？音乐教师需要理解和同意，在笔者看来，完全依靠录音和录像的选择是不可行的，因为人始终是音乐教育过程中最重要的因素。音乐教师必须能唱能说，如果可能的话，还要背诵一到两首典型的大合唱。如果音乐教师忽视了本地音乐，那么谁来接替促进和鼓励本地艺术的角色？传统教育中常说，我们国家有上下五千年的悠久而深厚的历史，所以我们应该为此感到自豪，但如何在音乐课程中总结呢？我们如何分析它？我们如何推广它？

许多文艺作品中也有传统音乐元素的体现，就比如影视剧《老井》和芭蕾舞剧《大红灯笼高高挂》，将其与现代技术相结合，创造出让观众留恋的作品。因此，作为音乐教育工作者，我们也可以适当保留一些基因，但是我们应该如何保存它？笔者认为，文化自我意识的概念是非常重要的。

如果我们能够实现文化自觉和对文化的尊重，那么文化遗产的传承就不会成为疑难杂症。

在舞台上表演某种地方音乐时，就会发现有些歌曲片段或动作是保留了其原始性的，有些是表演性的。大多数地方音乐都是原生态的，但一旦原生态被移除，音乐就会发生变化，所以要对原生态地方音乐做出一些优化。地方音乐的演变是不断的，因为它适应了时代，适应了社会，适应了大众的审美需求。在视觉领域保存和传播音乐有许多可能的方法，但理想的目标是保持音乐的完整和活力。以下是笔者对如何保持完整性的三个思考。

思考一：对传统纸张保存方法做一些补充性的思考。地方音乐如果不以活的形式展现，就无法阅读，更看不懂，而我们只看平面的文件，如民歌谱、戏曲谱和歌曲谱，所以我们需要对乐谱进行必要的补充。在原有的传统纸质保存方法之外，现代技术使我们能够利用平台和数据库的空间，将隐性文件（静态图、乐谱、文本等）与声音文件（动态声音、图像等）结合起来，使零散的艺术碎片得到重组，将艺术声音定格在某个瞬间，必须为保存当地音乐在当下的整体面貌做出贡献。这样的数据库应该从各种来源建立起来，包括工尺谱、唱段和身段，以建立一个生动的整体形象。

思考二：确保保存作为地方音乐载体的活"人"。对于承载部分文化传承的义务，是否能由音乐学校培养的一群未来的音乐教师来承担？中国未来的音乐教师也不能完全忽视自己地区或民族的音乐。笔者通过调查发现，目前许多音乐教师缺乏教授当地音乐的能力。他们，一群代表一代人的教育者，反过来又在教育下一代，如果这种趋势继续下去，那么当地的音乐信号将一年比一年弱。如果一个民族失去了它的民族象征，那这个民族就无法谈及它的存在。如果本土音乐教育和本土艺术教育在教师心目中没有地位，那么未来中国的学校教育将会怎样？中国的音乐将走向何方？多年以后，中华民族将如何用自己的音乐语言向世界说话？因此，对传统文化基因的保护与对承载传统音乐的"人"的保护相关联。这将需要国家的支持和地方政府的政策支持，否则将举步维艰。

地方音乐不仅可以利用数据库平台重现其现有的形式，而且还可以在人们的现实生活中得到保存和传播，使其在当今时代"活"起来。为什么保存"人民"会如此重要呢？因为只要有"人"作为地方音乐的载体，那么这种艺术形式就不会消失，我们也无须担心。在学校和培养音乐教师的机构中接受各级音乐教育的年轻人不应放弃这一立场。

在实践学校音乐课程的过程中，笔者者与天津的一位著名音乐家就如何让学生接受和喜欢本地音乐进行了交流。他说，"如果老师喜欢当地的音乐，学生也会喜欢。"这表明了音乐教师作为学习过程中"人"的因素的重要性。

思考三：地方音乐教育的现状和传统音乐的"活态教学"。长期以来，在民间十分盛行的"口述"教学法一种被官方认为是落后的、不合时宜的，且没有任何教学价值。但实际上，根据在学校的音乐课堂教学发现，学生们能够回忆起在口述方法中学习的段落，但另一方面，他们很容易忘记从教科书乐谱中学习的段落。原因是"口传"是指歌曲从口到口的传递。在口头文化中，地方音乐具有创造性和稳定性。"心授"这个词可以解释为内心真正地理解了含义。这是中国地方音乐和民间音乐的主要传播方式，主要是"以口耳相传其形，以内心感悟其神韵，以形传神，深入感受和理解其音乐"。这种口耳相传的形式是中国人"重精神轻形式"的思维方式，是音乐创作、传播、记谱、表演、评价或审美的一般方式（也是中国其他艺术的一般方式），它有自己的语言学、哲学、美学和心理学基础。地方音乐通常是以口头方式创造、传播和发展的，这使得地方音乐具有不确定性、创新性和即兴性。可以说，口传实现了对正宗音乐本质的真实传承，而心传则实现了对音乐的主动再创造，给教学双方以自我创造的空间。口头传播与音乐创作密切相关。因此，口传是一种创造性和开放性的教学方法。应该指出的是，当代最具活力的音乐教学法，即日本的铃木教学法，就是以口语教学为基础的。

口头传播侧重于"说"和"听"的双向性质，而谱系传播则侧重于"读"和"听"的平行性质，两者之间是存在一定差异的。口头倾听往往是全面的和整体的，而谱系的传承则更具有专门化和选择性。一个专注于特定的环境或人，而另一个则相对不受环境影响。前者倾向于以空间为中心，关注空间，而后者倾向于线性，关注时间和话语。然而，它们在文学社会中的传播最终取决于书面传播是否得到乐谱的补偿。因此，对口头传授的宣传并没有完全脱离乐谱，这两种传统得到了很好的融合。

这一现象使我们不禁要问，如何教授地方音乐？民间是学习传统音乐的主要场所，因此要积极地向民间学习。除此之外，课堂也是一个重要的音乐教学空间，必须强调全身心投入传统音乐教学的教师的重要性。著名的后现代主义理论家 William E.Doll Jr.（1946—）认为，现代主义教学是封闭的、线性的、统一的、可定义的，是一种封闭的物理学模式。他说，"天主导教育的线性、顺序、容易测量的课堂系统，强调明确的开始和明确的结束，在未来将被一个更复杂、多元、不可预测的网络系统所取代"。

现代主义的封闭式教学模式要求教师专注于教授基本知识和技能。后现代文化的知识方法和后现代的教学理念引起了人们的关注，但这些理念中有许多与中国传统教学方法有共同之处。后现代文化的教学方法拒绝一切形式的灌输，大力提倡真实的课堂讨论，基于问题的学习，让学生的"个人知识"和"地方知识"得到充分发挥，将教学过程转变为以问题为基础、以教师为主导的学习过程，使学习过程成为师生在教师指导下讨论知识及其意义的问题过程。口头教学具有这些特点，而且是开放式的。因此，"活"不仅意味着教学模式是活的，而且意味着教师本身也是"活"的。

打个比方，以曲艺在小学音乐课堂中的教学为例，让其成为一个中介，以合理恰当的方式进入中小学艺术类课程中去，因此以下特点是活态传承应该具备的。

第一，创新性。为了突破传统的界限，学校的课程与曲艺合并后，在音乐教学和推广地方艺术方面是新的，不管是教师在教学的时候还是学生在学习的过程中都会觉得很新奇。可以在音乐教室里用钢琴或电子琴伴奏，曲艺的动作应该少一些程序化，多一些活泼。

第二，简短性。应当选择短小但是较为经典的曲目引进校本课程，一般来说不超过三十句较为合理，前后时间不宜太长，五分钟即是上限。这样的时长和内容不会使小学生感到枯燥，并且容易记住。

第三,有趣性。选择曲目时要注意是否有较强的叙事内容,要生动有趣,能够引起小学生的注意，作曲时要尽量做到通俗易懂，雅俗共赏是最终的目标。

第四，艺术性。谱曲应该是多样的，以传统的古典旋律为中心，辅以新式唱法，婉转但又让人耳目一新，同时注重说唱和抒情的演绎。需要提高对这一类型的认识，应利用这一类型固有的艺术魅力来吸引小学生。

第五，教育性。课程应回到常识性的教育方法，即教育从本质上来说应该是关于教育人的。因此课程应该是叙事性和抒情性的，做到教育性和娱乐性的协调用以强调对他人的爱，对自然的欣赏和对国家的忠诚。它必须充分反映教育的本质。

第六，广泛性。课堂教学是校本音乐课程中的重要教学方式，一对一的传统艺术教学方法显然已不适用于当下，曲艺的学习要想取得较高的普及率，就要突破这一教学方式。

三、优化音乐教育资源

为了给音乐教育提供必要的条件，有必要优化分配给音乐教育的资源，以确保所有学生获得高质量的音乐教育。应大力提高全国各级各类音乐教育设施和设备水平，确保课堂和课外活动有良好的物质保障。

（一）全面提高音乐教育的资源配置水平

要按照城乡义务教育一体化发展机制的共同要求，确定学校音乐教育的教育设施设备基本标准。全国城乡中小学的基础教育和艺术教育的设施设备将逐步达到全国同一水平。地方各级教育行政部门要按照当地政府的规定和协调，将音乐教育设施设备建设纳入当地相关项目，促进教育均衡发展，为艺术教育提供必要条件。

（二）建立开放灵活的音乐教育资源共享平台

利用现代信息技术，为支持和帮助音乐教师创造更为便利的条件，利用多媒体远程学习设施，让教学观念得到迅速更新。与此同时，充实教学内容，将教学方法进行改革。在全国农村中小学远程教育网的基础上，农村和偏远地区的教师和学生可以从高质量的艺术教育资源中受益。

（三）开发利用社会音乐教育资源

地方各级的教育行政部分也要积极行动起来，在社会上获取支持，以助力艺术教育的积极发展，有效合理地开发地方艺术教育资源。社会上许多文化场所都对少年儿童免费开放或者有优惠，对于这些条件可以充分利用起来，组织中小学生在当地的图书馆、文化艺术展览馆、剧院等文化场所开展有利于身心健康的艺术活动。

第三节　创新艺术类课程教学模式

一、认知模式——开展音乐创作与研究类教学

（一）开展音乐创作教学

"……必须寻求高尚品格、美丽和完美形态的感染力，使年轻人在健康的环境中，从这一切中受益，耳朵和眼睛可以接受优秀生物的感染，正如来自光荣大地的气息扩散健康。这就是为什么音乐教学是最重要的，因为节奏与和声完全能够注入人心。它们是如此强大，本身就包含了一种美的形式，并将其传达给人心，前提是真正的教育包括它——否则就会产生反作用。"虽然这些话来自基督诞生后的第四个世纪，但今天读起来并不显得老套，反而很有启发。

1. 激发学生的审美意识

审美是音乐教育的核心价值，因此在艺术教育中，培养审美意识也是一个不可或缺的部分。在美学的领域中，成长作为持续变化的过程是尤其看重的。笔者认为，审美发展是组织我们的思维，发展我们的情感，并提高我们的情感能力的过程。但使问题更加复杂化的是，并没有明确的美学发展模式，也没有任何外部指标来衡量它。另外，审美发展不能由某个学生的作品来评估或指导。审美发展意味着深化知觉、智力和情感体验，提高对它们的敏感性，以便将它们整合成一个和谐的整体。

一个人的成长过程和成长的环境对审美意识的发展起着决定性的作用。或者说，在更广泛的意义上，美学是创造和体验各种艺术的过程，也是观察和欣赏自然之美的过程。从狭义上讲，美学就是感知艺术和欣赏艺术。有一种误解，认为美学是感官或艺术知识的积累。美学可以被理解为一个积极的感知过程，是个人与对象之间的互动，以确保体验过程中的和谐。

提高审美意识的教育，如果要从外部强加的话，是没有任何作用的，因为它需要发展一种意识和需求，以欣赏我们周围的事物，而这种需求是要由内而外散发的，是内心的真实需求。英国教育家里恩说，艺术只能通过艺术实践来激发。文化环境在审美教育中有着至关重要的作用，不同的文化环境下的艺术审美和艺术价值体系也是不尽相同的，中国在这一点的体现上尤为明显。

在学生创作的具有地方音乐特色的作品中，审美意识的成长体现为学生对经典曲目的演唱和能够运用地方元素与合适的词结合并演奏、演唱出来，这个过程中就将各种经验、思想和情感组织结合为和谐一致的整体，并在审美教育中发现乐趣。

创作具有地方特色音乐的学生的审美发展体现在他们对经典曲目的表演上，他们能够对经典曲目通过结合本土元素的方式进行二次创作，每个人的奇思妙想和充沛的情感都在这个过程中结合在一起，碰撞出创意的火花，不得不说这为审美教育带来了许多乐趣。

2. 培养学生的音乐感受力

在艺术体验的过程中，不能缺少了对感观技能的发展和培养。我们感观体验的质量对生活和学习能力的提升都能起到很大的帮助作用。在创造性活动中，学生的成长可以通过经验的积累和运用体现出来，此外，学生的艺术表现力往往会受到感知力的刺激，从而激发出来。在教学领域，人们发现，很少接触音乐的儿童往往缺乏听觉积累和表达自己的勇气。在这个过程中，音乐教师发挥着重要的作用，他们需要做的就是引导孩子们看到、听到和感觉到周遭的音乐环境，并为他们提供各种机会来调动他们的感官。①

3. 培养学生的音乐创造力

创造性思维对个人和社会都至关重要。它可以带来现有事物的变化或现有事物的新发现。创造力通常指的是行动和功能的创造和塑造。作为教师，鼓励学生们发现和创造一定是建立在已有的规则基础上的，而小学教育是培养创造力的重要时期。

---

① 程新元.基于艺术人类学视野下的中小学美术课程乡土资源教学实践与研究[J].福建茶叶，2019，41（02）:134–135.

每个人的创造能力都是与生俱来的，所以老师要做的就是教给孩子们规则，但不要打击孩子们的好奇心和求知欲。音乐教师应努力鼓励好奇心、探索和大胆的实验，以此作为发展的目标。随着学校超越教授熟悉的课程，鼓励学生探索未知的事物，音乐教育将继续在这个领域发挥重要作用。因此，教师需要通过在表演内容和形式上的创新来鼓励和引导学生。不同程度的情感自由以及参与、探索和实践的自由是促进创造力发展的先决条件。在教学中，人们发现，外部的阻碍或者限制往往是扼杀学生们创造力的重要影响因素，在这样的困境下，学生会下意识地将创作以复制的方式进行下去，时间一久，创作也就不复存在了，因为只有内心真正渴望创作才会有创造力的产生。

创造性是音乐学习的一个领域，学生的想象力和思维潜力在这里得到了体现。学生进行音乐创作所需要的经验和创造性思维能力的培养都离不开这一过程，这对培养具有实践能力的创造性人格起着重要作用。音乐制作包括两类内容：一类是与音乐有关的即兴活动，揭示学生的潜力，涉及声音和音乐的探索和即兴创作；另一类是使用音乐材料制作音乐。后者是与音乐创作有关，但与专业作曲学习又有所区别，其基本前提是挖掘学生的创作潜力，培养学生的创造性思维能力，促进其成为社会主义新世纪创新人才。

例如，在初级阶段，即兴表演允许学生以不同的节奏、速度和强度说出短语、句子、诗歌和文本，在听音乐时能够临场发挥，利用课堂乐器和其他资源进行即兴表演，并为音乐故事和游戏伴奏。他们还可以使用教室里的乐器和其他声源进行即兴创作，并为音乐故事和游戏伴奏。通过即兴表演，鼓励学生对音乐有创造性的理解，创造性地表达自己，并培养他们表达自己和创造的欲望。

音乐是一种非常有创造性的艺术形式。音乐创作是指在中小学音乐教学中，通过即兴创作和使用音乐材料进行音乐创作。在音乐教学中，学生能自己进行创作的机会非常多。因此教师需要将创造力的培养融入教学的各个领域，发现学生在艺术表达方面的创造力，而不是将自己限制在"标准答案"上。虽然是同一个问题，但答案一定不是单一的，就像可以用不同的方式来演唱同一首歌曲一样。人类生命的基本特征就是创造性的存在，没有创造性，就没有生产工具的发明，因此它从不满足于现状，总是努力克服外部和自身的限制，以创造生产资料和文化产品。学生的想象力和创作思维可以通过创作音乐的方式来提升，在这个过程中还可以体验到创造是一件十分美好的事情。

（二）开展音乐研究活动

许多学校的学生都对音乐艺术创作表现出很高的积极性，但由于时间、空间和内容的限制，他们的创造力往往在音乐课上得不到挖掘。融入以活动为基础的课程中的创意探索活动，为学生提供了展示自己才能的机会。活动的内容和形式可以是灵活的、生动的和有趣的，让学生的想象力得到充分的发挥。开发他们的创造潜力。学生们通过使用不同的艺术媒介来创造或设计与当地艺术有关的东西，能提高他们独立自主的能力，针对问题也能学会自己去解决。

1. 社团活动

在音乐社团中，组织课外的音乐活动对课程来说是不可或缺的一个部分。主要目标群体是通过学校课程对本地艺术感兴趣的学生，以及对本土艺术有了解或者正在学习的同学，如熟悉本地音乐或主修音乐的学生。主要目的是不断促进当地艺术的培养、欣赏、表达和创造，并对其产生积极影响。

教师也应该在学生领导的社团中具有一定的责任意识，发挥主体作用，负责社团的运作以及规则和条例的制定。除此之外，教师还必须认真细致地准备排练计划、练习计划、编排计划等。社团实践活动上取得的各种成果和经验总结可以在音乐会、会议或交流会上展示。在社团进行演出表演的时候，教师也应该正面引导他们，并逐渐向他们灌输参与和享受过程的观念。

2.音乐期刊

学生可以自己创办校园音乐期刊或者电子杂志，这项工作可分为几个部分进行：主编和编辑，打印和分发。音乐期刊中可以充实关于本地艺术家、本地音乐家的故事，音乐流派的简介，学生听了本地音乐后的感受，学生对音乐生活和音乐现象的评论。当涉及删减内容或改变音乐期刊中的版面设置时，音乐教师应该将权力下放，让学生自己处理，给予充分的肯定和信任，只能以顾问和指导者的身份，对相关的音乐文化知识和学生的思维动态进行详细指导。音乐教师还应该鼓励学生向当地著名音乐家、流行艺术家和其他教师寻求建议，以提高他们的综合素质。以当地艺术为主题的音乐期刊想必会受到教师和学生的欢迎。

二、行为模式——开展音乐活动教学

在小学中，关于音乐活动的课程内容都非常丰富，因此只要学校的技术条件和环境条件允许，应以培养儿童对地方表演艺术的兴趣，提高儿童对地方表演艺术的审美能力，形成发达、和谐、丰富的个性，开发儿童的潜能，对儿童的身体和智力发展产生积极影响。联合活动方案可分为以下几类：音乐表演活动、音乐欣赏活动和创作与研究活动。

（一）音乐表演类活动

音乐表现的活动包括声乐类、器乐类和综合类。表现能力可以说是发展学生的表现力和审美能力的一个重要手段，也是音乐学习的一个重要部分。通过音乐活动课程的时间，学生们发展了他们用音乐表达自己的能力，培养了演奏的欲望，并发展了表现的信心。学生们能够以一种有趣和积极的方式表达自己并发挥创造力，展示自己的个性。学生们能够通过原创表演来表达自己，创造性地重现原创音乐作品的精彩，并体验亲身参与音乐活动的吸引力。

1. 歌唱比赛

学校可以在班级教室、年级或学校组织歌曲比赛，个人或团体比赛，致力于当地艺术活动的发展。这样的活动可以有很强的参与性，充分调动学生的积极性，动员全班同学积极参与，建立团队的凝聚力。要与班主任、团支书和教学人员协调好歌唱比赛的各个环节，确保比赛顺利进行。

学生通过在歌唱比赛上的表演，可以感受到本土艺术的独特魅力，在情感上得到熏陶，加强对当地艺术的深刻认识以提高自己的歌唱技巧，培养他们感受、表达、欣赏和创作音乐的能力。此外，学生还可以学会协调和统筹能力的运用，在相互尊重和理解的基础上，牺牲小我成全大我，为集体利益贡献一分力量。

2. 建立地方民族乐队

民族乐队在概念上相当于西方的管弦乐队。地方民族乐队是适应当地条件方案的具体表现，作用是促进民族文化和地方艺术。地方民族乐队更有可能在这类音乐的发源地被发现和推广，因为它们的地方特色更强，其音乐文化、音调、音律和节奏可能与发源地有更紧密的联系。

3. 组织文艺汇演活动

文化表演是我们国家非常重要且能代表中国特色的活动，它是一种包括所有流派的表演。它与上述两种相对简单的音乐表演不同，民族乐队和歌唱比赛以歌唱或表演为主要内容。而文艺汇演则具有很强的综合性特色，成分比较复杂。文艺汇演可以利用当地艺术作为载体，组织一些节目，如合唱、独唱、小组、剧目、合奏、小品、喜剧和音乐节目。其中许多节目可以由教师和学生编写和表演，是鼓励学生对当地艺术感兴趣，使用他们的音乐技能和发挥创造力的绝佳方式。

文艺汇演除了开阔学生的视野和丰富他们的知识外，还能让学生理解音乐与其他艺术形式，如舞蹈、戏剧、歌剧、戏曲和美术之间的融合和联系，识别不同艺术形式的主要表达方式和特点，巩固和加强所学知识，认识并理解到音乐的社会功能及其与社会生活的关系。

4.音乐会

音乐会对推广本土艺术也有一定的促进作用，其可以作为活动课程的一种形式，对学校的音乐课程进行补充和丰富，提高学生的音乐知识和技能，以及对地方艺术的欣赏和审美能力。音乐会有一种奇妙的魅力，在于能让学生们亲眼看见并参与到美妙与幻想并存的活动中，这种力量是如此强大，以至于直接影响到他们的情感世界。现场音乐会对于花了大半天时间排练的学生来说是让人难以忘怀的宝贵回忆。

音乐会还旨在提供一个平台，展示在教室和校园中，或在表演者与少数教师和学生之间发生的教学和学习，摆脱传统的标准和规模概念。表演的组织方式多种多样，从学生和教师主导到邀请当地的专业乐队，规模可大可小，只要你愿意。通过组织这样的节目，我们能够满足广大学生的音乐和文化课外需求，并为学生社团和音乐爱好者提供一个展示自己才华的机会。表演这些本土艺术是非常有效的，对所有上台表演的学生来说是一个难忘的经历，给他们带来了很大的信心，并从质上提升了本土艺术的教学成果。学生们不仅在舞台上和舞台下感到彼此更亲近，而且还在情感上彼此联系和交流。由于学生们的热情和天真，许多当地的专业艺术家也更加专注和有动力。这些活动不仅为学生提供了高水平的艺术享受，而且提高了中学生的审美情趣，为组织当地艺术俱乐部的学校提供了榜样、教育、指导和启发。

（二）音乐赏析类活动

聆听、感受和体验这些作品的机会将激发学习本土艺术的兴趣和热情，培养感受和欣赏音乐的能力，有效汲取不同的音乐文化，拓宽音乐视野，发展联想、想象和创造能力，为一生学习和享受音乐奠定基础。

1. 音乐讲座

音乐课可以作为小学音乐课程的一部分进行组织和规划，并有特定的目的和较强的普及型。一般性讲座在性质上更具叙述性，针对的是更广泛的受众。这方面的例子包括对当地艺术、方言或流派的发展进行概述，或对一个代表性人物进行介绍；另一种类型的讲座更具有参与性，针对具有特定音乐背景的学生，介绍某首音乐或歌唱风格。笔者曾经参加过一场非常具有感染力的讲座，一位专业的京剧演员向小学生讲述了京剧人物的服装和化妆，当场还原了许多京剧人物，并进行了比较。许多京剧的经典故事被以生动幽默的方式讲述出来，人物的身世也被完美地呈现出来，这样的效果是非常理想的。

讲座通常是由该学校的音乐老师、某个领域的专家或受欢迎的艺术家主讲。学生还可以自己来主持讲座，这样可以为学生提供一个展示自己才华的机会和平台，而音乐教师则在需要时提供指导或帮助。

在音乐教师主导的讲座中，音乐教师本身应考虑到学生自身艺术和音乐能力的实际情况，将学生的思维动力和感兴趣的话题相匹配，选择合适的话题。用生动的方式和语言与学生交流，使学生在听完后能够学习和受到启发，拓宽文化视野，丰富音乐知识，并意识到文化传承不仅是一种责任，也是一种发展和进步的力量。

学生主持的讲座，不应拘泥于传统讲座形式，对学生充分鼓励，以发现的眼光去观察，找到其中的闪光点。同时还要帮助学生选择讲座的主题，提供一些讲座的支撑材料。注重学生参与的过程而并非结果。

由学生主导的讲座应当具有创新精神，因此应该打破传统的讲座形式，应充分鼓励学生带着发现的目的去听讲座——发现并找到亮点。教师还应帮助学生仔细筛选讲座的中心思想，并为其提供一些讲座的辅助材料。比起结果来说，参与的过程才是最重要的。

2. 音乐广播站

对于在学校里住宿的学生来说，广播电台对他们的影响更大。只要是健康、时尚，有利于学生健康成长，适合在校园内播放的地方艺术经典作品，都可以在课后有计划、有目的、有规律、有主题地播放。此外，还可以举办讲座，提供当地音乐的知识，并对社会或教育活动进行简要介绍或评论，包括广播歌曲。

3. 音乐板报

要想在校园中推广本土艺术，音乐板报是一个重要的部分，创意性和视觉上的冲击性是它的特点。虽然音乐板报停留时间很短暂，但对活动的影响力起到了延长的作用。

参考文献

[1] 曹静 . 浅谈中小学艺术课程建设与教学改革——童谣音乐校本课程开发 [J]. 黄河之声，2019（04）：107.

[2] 陈勃 . 从"技艺"传承走向"文化"普及——以菩提路小学"镂空艺术"美术课程的构建为例 [J]. 教育观察，2021，10（15）：4–6.

[3] 陈湘蕾，易德良 . 本土民族音乐资源引入高职院校小学音乐教育课程体系的分析与思考 [J]. 戏剧之家，2018（34）：163.

[4] 陈燕 . 谈中小学美育课程实施中存在的主要问题及解决的策略和方法 [J]. 大众文艺，2021（09）：210–211.

[5] 程新元 . 基于艺术人类学视野下的中小学美术课程乡土资源教学实践与研究 [J]. 福建茶叶，2019，41（02）：134–135.

[6] 邓刘敏 . 徐州本土民间美术资源在小学美术教学中的应用 [J]. 美与时代（中），2016（09）：89–90.

[7] 高蕊 . 剪纸艺术引进美术课堂的教学方式研究 [J]. 造纸信息，2021（08）：73–74.

[8] 赖郁 . 本土文化资源在小学美术教学中的应用研究 [J]. 美术教育研究，2019（18）：120–121.

[9] 李昌灿 . 小学音乐课教学形式与教学方法 [J]. 戏剧之家，2020（03）：152.

[10] 李海亮 . 富阳元书纸非遗资源引入中小学美术课堂教学的思考与

实践 [J]. 美术教育研究，2018（03）：100–102.

[11] 李鹏飞 . 论音乐教育对本土资源的运用 [J]. 高教学刊，2016（12）：97–98.

[12] 李双 . 小学美育教学研究 . 成都 [M]：电子科学技术大学出版社，2020.

[13] 李田甜 . 本土音乐数据库建设路径与应用研究 [J]. 四川戏剧，2021（04）：135–137.

[14] 林琳，李丽辉，黄晖 . 中小学校本课程的构建与实施路径 [J]. 教育观察，2021，10（19）：4–6.

[15] 马瑞 . 西北"花儿"的审美意识阐释 [J]. 科学咨询（科技·管理），2021（07）：52–53.

[16] 冉乃彦 . 和中小学幼教师谈美育 [M]. 太原：山西教育出版社，2019.

[17] 盛文峰 . 试论陕西、山西民歌的审美取向与传承 [J]. 当代音乐，2020（12）：67–69.

[18] 苏居平 . 核心素养视角下小学美术教学评价体系建构与实践研究 [J]. 发展，2020（05）：78.

[19] 唐宇 . 浅论对于中学音乐教育中本土音乐资源的开发与利用 [J]. 音乐时空，2014（01）：149+180.

[20] 涂远娜，颜岭 . 本土民间艺术资源在幼儿园课程的开发实践研究——以吉安鲤鱼灯彩为例 [J]. 才智，2018（34）：19–20.

[21] 王蓉 . 文化视域下的初中美术课程建构研究——以徽州木雕为例 [J]. 美术教育研究，2021（13）：168–169.

[22] 吴寒冬 . 延安红色资源在初中美术校本课程中的开发研究 [D]. 延安：延安大学，2021.

[23] 徐江红 . 浅谈本土文化资源在小学美术课堂中的应用 [J]. 美术教育研究，2018（14）：136-137.

[24] 赵奕珂 . 基于美育校本课程设置下的小学教学空间设计研究 [D]. 北京：北京林业大学，2020.